신중년의 삶!

최일수

퇴직은 있지만, 은퇴가 없는 삶,
신중년의 새로운 도전을 위하여!

도서출판 청람

| 프롤로그 |

퇴직은 있지만 은퇴가 없는 삶

신중년 세대는 보통 30세 전후에 취업한 후 평균 50세 전후에 주된 일자리에서 물러나지만 72세까지는 계속 일하기를 희망하고 있는 세대다.

3막 인생을 살아야 하는 이들은 준비가 허술하고 일자리 미스매치가 심해 대부분 저임금 비정규직이나 생계형 창업에 몰리고 있다. 이들의 활력을 되살리지 못하면 생산가능인구 감소와 노인빈곤 문제가 더욱 증폭되면서 가정경제 전반에 활력이 떨어지고 국가사회적으로 상당한 부담으로 다가오게 된다.

한국보건사회연구원(2019년 6월 23일)의 자료에 의하면 이들의 걱정거리로는 “소득이 부족해 경제적으로 어렵다”는 응답이 24.6%로 가장 많았고 다음은 “자녀가 독립할 때까지 경제적으로 부양하는 것”(22.5%), “자녀의 독립 또는 은퇴 이후 느끼는 외로움과 사회적 고립감”(11.8%), “부모님을 경제적 · 비경제적으로 부양하는 것”(7.6%), “경제활동에 참여하기 어려움”(6.7%) 등이라고 밝히고 있다.

신중년 세대는 우리나라 고도성장의 주역이다. 부모부양과 자녀양육의 이중고를 겪고 있는 마지막 세대로 노후준비가 제대로 되어 있지 않아 맞춤형 지원이 절실한 인구집단이기도 하다. 이들의 평균 대학 진학률은 35% 수준이었다. 국가산업이 고도로 성장하는 시기여서 취업을 원하기만 하면 자기 주도적으로 취업할 수 있었다. 그러나 퇴직을 앞둔 신중년을 맞이하는 사회는 그들에게 쉽사리 재취업의 기회를 주지 못한다. 일단 이들을 필요로 하는 일자리가 없다. 스스로 뭔가를 찾아나서야 한다. 그나마 조금이라도 준비가 되어 있다면 2~3년은 버틸 수 있으나, 전문성이 없는 영역이라면 준엄한 경쟁사회에서 자연도태되고 말 것이다.

2막 인생을 대기업이나 신의 직장에서 근무했다고 3막 인생의 일자리가 자동적으로 주어지는 것도 아니다. 그 흔했던 전관예우도 「김영란법」으로 사라졌다. 한 대기업에서는 퇴직한 선배와는 업무 협의를 하지 말라는 지침도 있다고 한다. 수년간의 경험과 화려한 경력이 있다 해도 인정받지 못하는 것이 퇴직 이후의 실상이다.

인생 3막, 이제 새로운 환경에 도전해야 한다. 자신이 가진 역량으로 험난한 파고를 헤쳐나가야 한다. 후배들과 나눌 수 있는 나만의 가치 있는 경험이라도 가지고 있어야 한다. 인생 3막이 결코 짧은 시간이 아니다. 지나온 직업생활과 거의 맞먹는 기간이 될 수도 있다. 특히 눈앞에 다가온 4차 산업혁명은 삶의 패러다임을 근본적으로 바꾸도록 강요하고 있다.

더 이상 과거와 같은 안주(安住)를 허락하지 않는다. 4차 산업혁명시대를 맞이하여 신중년이라는 신분으로 무엇을 어떻게 준비해야 할 것인가는 더욱 암담하다.

셰익스피어는 "경험이란 헤아릴 수 없는 값을 치른 보물"이라고 했다. "구슬이 서 말이라도 실에 꿰어야 보배"라는 속담도 있다.

"학자 한 명이 은둔생활을 하면 도서관 1개가 없어지는 것과 같다"고도 한다. 선배들의 축적된 경험은 재학습(relearn)에 필요한 중요한 자료일 뿐 아니라, 후배들과 나눌 수 있는 중요한 지적 자산이다.

2막 인생을 살며 축적된 신중년의 경험은 누군가에게 필요한 보물일 수 있고, 실에 꿰어야 할 보배일 수 있고, 도서관에 보존되어야 할 가치 있는 기록일 수 있다. 이런 경험을 나누지 못하고 사라지게 한다면 개인은 물론 국가적으로도 큰 손실이다. 2막 인생에서는 절대적 빈곤보다 상대적 빈곤이 더 큰 상실감으로 다가왔지만, 3막 인생에서는 절대적 빈곤이 더 극복하기 어려울 수 있다. 일이 없어 절대적 빈곤의 굴레를 벗어나지 못한다면 이 또한 난감한 지경이 될 것이다.

건강 나이가 허락하는 한 신중년은 뭔가 새로운 일을 해야 한다. 일을 통하여 어느 정도 소득으로 연결된다면 이 또한 행복한 선택이다.

이 책은 '인생 3막도 일자리가 최고의 삶'이라는 관점에서 집필을 계획했다. 인생 3막을 준비하는 후배들과 그동안의 경험을 공유하기 위해 나의 생각들을 정리했다. 재무관리나 건강관리는 다른 책을 참고하기 바란다. 이 책은 평생의 경험을 공유하며 후배들과 나누는 즐거움을 함께 찾아보자는 의미도 있다.

인생 3막을 준비하는 신중년이 일과 직업에 대한 궁금증과 호기심을 새롭게 자극하는 물음표(?)에 재학습(relearn)이라는 단어가 추가되어 느낌표(!)를 만들게 하고, 궁극적으로 일과 직업의 의미를 새롭게 깨닫는 '물음 느낌표(!?)'를 끌어내어 답답했던 울타리를 벗어나 생동감이 넘치는 정글에서 인생 3막에 새롭게 도전하는 계기가 되기를 소망한다.

끝으로 이 책의 출판을 맡아 주신 도서출판 청람의 이수영 대표님께 감사드린다.

2019년 7월
국제관 연구실에서
최일수 경영학 박사

| 목차 |

Ⅲ 신중년과 일자리

Ⅳ 신중년의 공부

Ⅴ 신중년의 마지막 선택

I

인생 3막, 신중년의 도전

1. 신중년 그들은 누구인가?
2. 베이비붐 세대와 신중년
3. 그들이 살아온 길, 살아갈 길
4. 신중년과 카이로스(kairos)
5. 남은 시간을 위하여
6. 3막 인생의 목표
7. 3막 인생의 소중한 것들
8. 울타리를 넘어 정글로 나아가자

1. 신중년 그들은 누구인가?

그동안 기업의 정년이 55세까지로 되어 있어 통상적으로 55세 이상인 사람을 중 · 고령자, 65세 이상인 사람을 '노인'으로 칭해 왔다. 이런 명칭은 '은퇴한 사람'이라는 부정적 이미지를 연상시키고 산업사회에서 생산성이 떨어지는 부담스러운 인재로 보는 부정적 시각이 많았다.

2017년 8월 8일 고용노동부에서 발표한 '신중년 인생 3모작 기반 구축 계획'에 의하면 생산가능인구의 30%(1,340만 명)에 이르는 5060세대가 주된 일자리에서 물러난 후에도 계속해서 일하기를 원한다고 한다. 이 중에서도 숫자가 가장 많고 학력수준도 높은 베이비부머(1차: 1955~1962년 출생자) 세대가 대거 퇴직하고 있는 터라 이들이 '재취업과 창업, 귀농, 사회공헌'활동을 할 수 있도록 돕는 것이 국가사회적으로 바람직하다는 판단에 이르게 되어 이들을 위한 체계적인 지원정책이 절실한 상황이라고 설명하고 있다.

21세기 지식정보화사회의 진전으로 생산 프로세스가 자동화되어 인력에 의한 노동강도가 점차 완화되고, 국민건강상태도 20~30년 전에 비해 월등히 개선되었다. 뿐만 아니라 인구의 구조적 측면에서도 전체 인구의 1/4, 생산가능인구의 1/3을 차지하는 5060세대를 과거와 같이 '노인', '은퇴한 사람'으로 치부하기에는 인적자원활용 차원에서 국가사회적으로도 손실이라는 인식이 확산되고 있다. 따라서 이들에게 보다 긍정적인 의미의 새로운 개념화가 필요하여 신중년 세대라는 신조어를 만들어 부르기 시작했다.

새롭게 정의된 신중년 세대는 보통 "30세 전후에 취업한 후 평균 50세 전후에 주된 일자리에서 물러나지만 72세까지는 계속 일하기를 희망하고 있는 세대를 말한다." 그러나 이들은 준비가 허술하고 일자리 미스매치가 심해 대부분 저임금 임시직이나 생계형 창업에 몰리고 있다. 한국보건사회연구원(2019년 6월 23일) 자료에 의하면 신중년의 큰 걱정거리로는 "소득이 부족해 경제적으로 어렵다"는 응답이 24.6%로 가장 많았고, 다음은 "자녀가 독립할 때까지 경제적으로 부양하는 것"(22.5%), "자녀의 독립 또는 은퇴 이후 느끼는 외로움과 사회적 고립감"(11.8%), "부모님을 경제적 · 비경제적으로 부양하는 것"(7.6%), "경제활동에 참여하기 어려움"(6.7%) 등이라고 밝히고 있다.

이들의 활력을 되살리지 못하면 생산가능 인구감소와 노인빈곤 문제가 더욱 증폭되면서 가정경제 전반에 활력이 떨어지고 정부의 재정부담도 늘어날 수밖에 없을 것이다.

신중년 세대의 잠재력을 최대한 끌어내려면 무엇보다 이들의 고용가능성(employ ability)을 높이기 위한 교육훈련에 집중 투자가 필요하다. 급격한 기술변화에 적응하지 못해 재취업과 창업에 실패하는 이들에게 맞춤형 교육과 직업능력개발훈련 기회를 제공하는 것이 시급한 과제라고 판단된다.

우리나라의 신중년 세대에 대한 고용서비스는 선진국에 비해 미흡한 편이다. 정부나 공공기관이 주도적으로 일자리를 창출하는 것은 한계가 있기 마련이다. 신중년의 일자리창출은 기술변화와 고용시장의 수요를 가장 잘 파악할 수 있는 민간기업에서 적극적인 역할을 하도록 지원체계를 만드는 것도 중요하다. 민간의 전문서비스 업체가 재취업을 성사시키면 정부가 일정한 보상을 해주는 시스템을 활성화하는 것도 필요할 것이다.

신중년 세대는 우리나라 고도성장의 주역이었다. 부모부양과 자녀양육의 이중고를 겪는 마지막 세대로 노후준비가 제대로 되어 있지 않아 맞춤형 지원이 절실한 인구집단이기도 하다. 이들의 평균 대학 진학률은 35% 수준이었다. 국가산업이 고도로 성장하는 시기여서 취업을 원하기만 하면 자기 주도적으로 취업할 수 있었다.

학력에 따른 차별도 별로 없었다. 또한 은퇴 이후의 삶에 대한 고민도 별로 하지 않았다. 직업생활을 열심히 하면 은퇴 후 남부럽지 않은 삶을 살 수 있을 것이라고 낙관적인 생각을 하며 살아왔다. 1998년 IMF 경제환란을 맞을 때 이들은 35~44세의 나이로 직장에서는 선배들이 일자리를 잃고 직장을 떠나는 비운과, 선배의 자리를 물려받는 행운도 함께 경험했다. 이때 비로소 직업생활이 전쟁터와 같다는 것을 느끼기 시작했다. 그래서 노동조합을 만들고, 일자리 지키기에 투쟁으로 노력했지만, 퇴직 이후의 삶과 자기개발을 위한 노력은 소홀히 한 세대이기도 하다.

신중년 세대의 첫 세대는 50세 중반에 본격적으로 주된 일자리에서 퇴직한 후 3막 인생을 시작하게 된다. 이들은 3막 인생을 통하여 향후 20여 년간 새로운 환경에서 생계를 위한 재취업을 희망한다. 그러나 사회는 그들의 희망사항과는 너무 다르다. 일단 그들을 기다리는 곳이 없다. 스스로 뭔가를 찾아나서야 한다. 그나마 조금이라도 준비가 되어 있다면 2~3년은 버틸 수 있으나, 전문성이 없는 영역이라면 준엄한 경쟁사회에서 자연도태되고 말 것이다.

인생은 4막 드라마

인생을 드라마나 연극으로 묘사하여 인생극장이라는 말이 있다. 많은 사람들이 인생을 2막으로 구분한다. 직장생활이 끝나는 시기까지를 인생의 1막으로, 그 다음부터 삶을 마감할 때까지를 인생 2막으로 구분했다. 그러나 필자는 인생을 4막으로 구분한다.

1막 인생 (~30세)	2막 인생 (31~60세)	31막 인생 (61~80세)	4막 인생 (81세~)
학교교육 (덧셈의 학습)	주된 일자리 (곱셈의 삶)	재취업 일자리 (뺄셈의 삶)	은퇴의 삶 (나눔의 삶)
• 인생준비 • 정규교육 • 교양교육 • 인성교육 • Dream List	• 직업생활 • 인간관계 • 성과관리 • 전문성 함양 • 성과창출	• 본보기의 삶 • 진정한 어른 • 나눔의 덕목 • 사회공헌활동 • 자서전 쓰기	• 웰다잉준비 • 비움의 덕목 • 영적인 삶 • 유언장 쓰기

인생의 제1막은 태어나서 30세까지로 잡았다. 교육을 통하여 직업을 구하기 위해 학습하는 단계를 인생의 1막으로 정했다. 인생 2막은 직업생활을 통하여 정년까지 일하는 시기까지, 흔히 60세까지를 2막 인생으로 정했다. 인생 3막은 61세부터 그동안의 경험을 정리하여 후배들에게 나눠 주는 본보기의 삶을 통하여 새로운 가치를 창출하는 시기인 80세까지로 정했다. 마지막 남은 인생 4막은 삶을

마감하고 언젠가 다가올 내세(來世)에서의 새로운 삶을 맞이하기 위해 웰다잉(well dying)을 준비하는 시기까지로 구분한다.

인생을 이렇게 4단계로 구분하다 보니 좋은 점도 있다. 앞 단계에서의 삶에 만족스럽지 못해도 다음 단계의 삶에 만족하면 이를 보상받는 느낌이 들기도 한다.

독일 속담에 "끝이 좋아야 다 좋다"는 말이 있다. 좋은 끝을 위해 현재의 삶에 충실하라는 의미기도 하다. 다음 단계의 좋은 삶을 위해 이전 단계의 삶에서 철저히 준비해야 한다. 준비 없이 맞이한 미래가 만족스럽지 않을 것이라는 것은 지난 삶의 학습을 통해 잘 알고 있다.

최근에는 신중년을 '리본(re-born) 세대'로 부른다. 잊어버리고 살아온 '나'를 찾아 다시 태어나는 세대라는 의미이다. 위로는 연로하신 부모를 모시고 아래로는 취업난 속 자녀들을 챙기느라 부모와 자식 사이에 '낀 세대'로 여겨졌던 5060세대들의 생각이 바뀌고 있다는 의미다.

얼마 전 한 조사에서 우리나라 5060세대 1,070명에게 자신에게 가장 소중한 존재가 무엇인가를 물었다. 가족을 먼저 챙기던 부모세대와 달리 절반이 넘는 응답자가 가장 소중한 존재로 '나 자신'을 꼽았다. 배우자, 자녀, 부모 형제가 뒤를 이었다.

5060세대의 삶의 중심이 가족보다는 자신에게로 옮겨가고 있음을 보여 주고 있다. 이들은 그동안 회사와 가정에 얽매였던 삶에서 벗어나 '인생 후반전'을 다시 시작하겠다는 의지가 강하다. 재취업이나 창업을 원하고, 버킷리스트(평생 한 번쯤 꼭 해보고 싶은 일)

에도 적극적이다. 이들은 낀 세대가 아닌 자신의 라이프스타일을 찾아가는 '깬 세대'로 보이고 싶다는 욕구가 강하게 나타나고 있다.

그런데 현실은 그리 녹록하지 않다. 한국사회에서 리본(re-born) 세대는 '갑과 을'의 전쟁에서 항상 '을'이었다. 정년이 연장됐으나 제대로 된 혜택을 받지 못하고 평생 열정을 쏟았던 직장에서 물러나야 하고, 무거운 짐을 어깨에 메고 가파른 산길을 올라가는 히말라야의 노새처럼 가족을 부양해야 한다.

특히 5060세대 3가구 중 한 가구는 성인자녀와 노부모를 동시에 부양하는 '더블 케어(double care)' 상태에 있다. 미래에셋 은퇴연구소가 2017년 12월, 성인자녀를 두고 있으며 양가 부모 중 한 명 이상이 살아있는 만 50~69세 남녀 2,001명을 대상으로 설문조사한 결과 '더블 케어' 상황인 응답자가 34.5%(691가구)로 가장 많았다. 현실과 이상이 다를 때 우리는 무엇을 해야 할까?

지금 자신이 '인생의 환승역'에 서 있다면 기다리는 기차가 어디를 향해 가는지 알아야 한다.

5060세대의 '나를 찾고자 하는 욕구'를 해소하려면 이 시기에는 삶의 속도를 늦추고 미처 돌아보지 못했던 것을 뒤돌아보는 성찰(省察)의 시간이 필요하다.

자신이 정말로 하고 싶었지만 직장일 하느라, 집안일 하느라, 아이들을 돌보느라 미뤄왔던 일들을 하나둘씩 떠올려 보자. 지금 내가 과연 무엇을 하고 싶은지, 나는 그동안 무얼 하고 싶었는지를 발견하면 그것을 할 용기가 날 것이다. 선택한 일을 위해 자신의 100%를 쏟아 부어도 아깝지 않다고 생각될 때 결단할 용기가 생긴다. 그래서 또다시 공부가 필요한 것이다. 지식이나 전문성을 쌓기 위한 공부가 아니라 살아온 날을 뒤돌아보는 성찰(省察)의 공부가 필요한 것이다.

앞으로 살아온 시간보다 어쩌면 더 긴 시간을 맞이해야 할지 모른다. 그동안 살아온 시간과는 좀 다르게 살아야 할 것이다. 그동안 가족에 대한 책임감과 사회적인 책임감으로 달려 왔다면 이젠 나만을 위한 시간을 디자인할 필요가 있다.

이 시기는 지금까지의 생활이 과연 내가 원하던 삶이었는가? 앞으로도 이와 같은 삶을 계속 살 것인가?라는 질문에 대답을 찾는 시기다. 떠밀려 살지 않고 진짜 하고 싶은 일을 찾아야 하는 시기이기도 하다.

정체성을 다시 고민해 보자

회갑을 앞둔 때쯤에 삶을 뒤돌아보면 물질로는 채워지지 않는 빈 공간이 있음을 발견하게 될 것이다. '성취 지향적' 삶의 방식에서 '관계 지향적' 삶으로 바꾸지 않으면 빈 공간은 더 커지고 공허감을 느끼게 될 것이다.

지금까지 관계를 맺었던 사람들은 직장이라는 매개체를 통하여 이해관계로 연결된 인간관계가 대부분이다. 퇴직이라는 시간과 함께 이러한 관계는 급격히 막을 내린다. 완전히 다른 인간관계를 새롭게 구축해야 남은 30년이 의미 있는 삶이 될 수 있다. 과거의 삶에서 완전히 벗어나야 또 다른 나를 발견할 수 있기 때문이다.

다른 사람들과의 만남, 예술과의 만남, 자연과의 만남에서 오는 또 다른 관계의 의미를 새롭게 느끼는 여유를 가져야 할 것이다. 이러한 여유 속에서 보람을 찾을 수 있는 카이로스의 시간을 가져야 하고, 자녀 중심의 삶에서 부부 중심의 삶으로 전환해야 한다. 밖으로 쏟던 에너지를 가족이라는 내부 공간으로 이전시키고, 궁극적인 인생의 의미를 찾아야 할 때이기도 하다.

접하기 어려웠던 책도 가까이 하고, 그동안 뿌리치고 피했던 종교(宗教, 큰 가르침)에도 한 번쯤 귀를 기울여 보아야 할 것이다. 100년도 되지 않는 인생을 위해 이렇게 몸부림쳐 왔는가?

이 세상에서의 삶이 끝나면 이후에는 어떤 세상이 존재하는가? 죽기 전에 꼭 한 번쯤은 자문자답도 구해보고, 호기심도 가져 보아야 할 것이다. 육신의 삶뿐 아니라 영의 삶에 대해 스스로 질문해 보고 답을 찾는 노력도 지금 이 시기에 해야 할 일들이다.

기독교에서 말하는 천국과 지옥은 과연 존재하는가? 천국이 존재하는 것과 존재하지 않는 것에 따라 삶은 어떻게 달라져야 하는가?

C. S. 루이스는 인간의 욕망은 결국에는 하나님과의 영적 만남으로만 채워질 수 있으며, 인간의 경험 속에는 '신적 불만족(divine dissatisfaction)'이 자리 잡으며 이는 하나님과의 관계에서만 채워질 수 있는 것이라고 했다.

2. 베이비붐 세대와 신중년

희생, 봉사, 배려의 아이콘

베이비붐 세대는 전쟁 후에 태어난 사람들로 나라에 따라 연령대가 다르다. 미국의 경우는 제2차 세계대전이 끝난 1946년 이후 1965년 사이에 출생한 사람들로 약 2억 6천만여 명의 미국인구 중 29%를 차지하는 미국사회의 신주도계층이다.

제2차 세계대전기간 동안 떨어져 있던 부부들이 전쟁이 끝나자 다시 만나고 미루어졌던 결혼도 비슷한 시기에 이루어진 덕분에 생겨난 세대들이다. 이들 세대는 이전 세대와는 달리 성(性)해방과 반전운동, 히피문화, 록음악 등 다양한 사회 · 문화운동을 주도해 왔다. 이들을 베이비붐 세대라고 부르는 이유는 이 기간 중 미국여성 한 명이 평균 3.5명의 아이를 낳았기 때문이다. 1970년대 미국여성의 평균출산율은 1.8명, 1980년대 이후는 약 2명이었다.

> 우리나라의 베이비붐 세대는 6 · 25전쟁이 끝난 후인 1955년부터 1963년 사이에 출생한 사람들로 이들은 고도 경제성장과 1997년 외환위기, 그리고 최근 글로벌 금융위기를 경험했다. — 네이버 지식백과

우리나라의 경우 베이비붐 세대를 1차와 2차로 나누어 구분하기도 한다. 제1차 베이비붐 세대는 6.25전쟁 이후인 1955~1963년에 태어난 713만여 명으로 전체 인구의 약 14%를 차지한다. 이들은 2012년부터 본격적인 은퇴가 시작되었으나, 2016년부터 노동법에

서 공기업뿐 아니라 일반기업에서도 60세 정년을 제도화하여 종전에 명예퇴직, 구조조정 등으로 55세 전후에 퇴직하던 사례와는 실제적인 은퇴시기가 다소 늦어졌다.

제1차 베이비붐 세대는 가난과 근대화를 동시에 경험하면서 국가의 고도성장을 이루는 데 중추적 역할을 했다. 치열하게 젊은 시절을 보내고 중년에는 IMF 외환위기 등 경제적 어려움을 이겨내면서 자녀의 교육과 결혼, 부모부양의 의무를 다했으나 자녀로부터 노후 부양을 기대하지는 못하는 마지막 세대이기도 하다.

2016년부터 1차 베이비붐 세대의 은퇴가 본격 시작됐으며, 초고령사회가 되는 2025년에는 모두 은퇴해 인생 3막을 살아가야 할 것이다. 베이비붐 세대의 3막 인생준비는 국가적 관심사가 되고 있다.

2차 베이비부머, 노후준비 절반도 대비 못해!

2차 베이비붐 세대는 1968~1974년에 출생한 약 606만 명으로 전체 인구의 약 12% 정도를 차지한다. 2차 베이비붐 세대를 이해할 수 없는 세대라는 뜻에서 X세대라고도 불렀다. 이들은 1차 베이비붐 세대와 구분되는 특징을 가지고 있다.

> 중견기업에 다니는 김 차장(42)은 회사 내에서 '헬리콥터 파파'로 불린다. 자녀 교육에 관심이 많아 주말마다 차로 자녀들을 학원에 실어 나른다. '91학번'인 그는 자녀 2명을 보습학원, 피아노학원 등에 보내며 총 110만 원을 쓴다. 소득의 20% 정도를 교육비로 지출하는 셈이다. 반면

노후에 대해선 아직 구체적인 계획을 세우지 못했다. 김 차장은 "일단 딸 2명을 좋은 대학에 진학시키는 게 목표"라며 "정년퇴직을 생각하면 불안하지만 아직은 여력이 없다"고 말했다. 40대 후반~40대 초반으로 우리 사회 경제활동의 중추를 담당하는 '2차 베이비부머'의 절반은 김 차장처럼 은퇴준비를 시작조차 못한 것으로 나타났다. 이들은 노후자금을 교육비에 사용할 정도로 재테크 목적의 최우선 순위로 자녀교육을 꼽았다.

– 동아일보, 2012. 7.

KB금융지주 경영연구소가 2012년 11일 발표한 '2차 베이비붐 세대 은퇴 대응현황과 시사점' 보고서에 따르면 2차 베이비부머 중 은퇴 후를 위한 재정적 준비를 시작한 경우는 44.6%에 그쳤다. 응답자들은 은퇴 연령을 63세로 예상했다.

이들 중 "은퇴 후 생활에 대해 불안감을 느낀다"는 응답은 62.5%로 나타났다. 불안을 느끼는 원인으로는 물가상승에 따른 생활비 증가(75.9%), 노후 소비 불균형(70.1%), 의료 · 간병비 증가(69.9%) 등이 많았다.

은퇴준비를 시작하지 못한 이유로 이들은 빠듯한 소득(65.5% · 복수 응답)과 자녀교육비 부담(48.7%)을 들었다. 실제로 2차 베이비부머는 월평균 가계지출의 14.8%를 자녀교육비에 충당하는 것으로 조사됐다. 여기에 자녀양육비를 더하면 아이들에게 들어가는 돈이 가계지출의 20.8%에 이른다. 이들 중 "자녀교육을 위해 은퇴 후 자금을 양보할 수 있다"고 답한 비율은 55.3%나 된다. 같은 질문에 대한 1차 베이비부머의 응답률(50.5%)보다도 높다.

2차 베이비부머의 재테크 목적 역시 자녀교육이 1순위였다. 응답자들의 재테크 목적은 교육비가 68.6%(복수응답)로 1위였고, 노후

자금 마련(56.7%), 일시적 여유자금 운용(34.3%)이 뒤를 이었다. 1차 베이비부머의 재테크 목적이 노후자금 마련(83.0%)과 자녀 결혼자금(55.0%)인 것과는 대조적이다.

한편 2차 베이비부머의 총자산은 평균 3억 7,000만 원으로 조사됐다. 이는 은퇴 후 필요한 최소생활비의 67.8% 수준이다. 하지만 자산 중 부동산자산이 83.3%, 금융자산이 12.9%로 부동산 쏠림이 심했다. 금융자산은 평균 4,800만 원으로 86.4%가 예 · 적금, 보험 등 안전형 상품이었다. 2차 베이비부머는 1차 베이비부머에 비해 아직 시간이 남아있다. 65세까지 정년이 연장되거나 노동력 부족으로 정년이 폐지될 가능성도 있다. 지금부터 3막 인생을 준비하는 지혜가 필요하다.

3. 그들이 살아온 길, 살아갈 길

신중년 세대가 살아온 길을 한마디로 규정짓기는 쉽지 않다. 그러나 이들이 추구한 삶에는 많은 공통적인 가치가 있기도 하다. 이들의 삶은 20세기 대한민국 산업화의 성장 역사와 함께했다. 6.25 전쟁 이후 극한의 빈곤 속에서 오직 생존을 위한 몸부림으로 가난과 싸우며 삶을 이어 왔다. 우리도 한 번 잘 살아보자는 산업화와 경제성장의 기치를 앞세우며 헌신과 희생을 공동체적 삶의 가치로 인식한 것은 이들이 공유하는 삶의 가치이기도 했다.

1997년 말에 시작된 국가적 위기였던 IMF 환란을 어깨 너머로 지켜보기도 했다. 수많은 기업이 도산하고, 수백만 명의 근로자가 아무른 대책 없이 다니던 일자리를 잃고 실업자가 되는 선배들의 모습을 바라보기도 했다. 열심히 일하면 잘 살 수 있다는 꿈도 희망도 하루아침에 물거품이 되는 것을 몸으로 체험했다.

그래도 시간이라는 세월 속에 살아남기 위해 몸부림친 이들이 간신히 살아남아 인생 2막을 보내고, 주된 일자리에서 밀려나고, 신중년이라는 새로운 이름 아래 3막 인생을 준비하고 있다. 신중년 세대의 직업생활은 치열한 경쟁 속에서 살아남아야 했다. 자신보다는 가족과 직장, 국가와 사회, 민족을 위해 묵묵히 일해 온 세대가 바로 신중년 세대다. 군복무를 피하기 위해 온갖 핑계를 대는 요즘 일각의 세태를 보면 괘씸한 기분도 든다.

돌이켜 보면 정말 열심히 살아온 것 같지만 자신들의 미래를 위해 준비한 것은 별로 없다. 재산을 모은 것도 아니다. 전문성을 키우기 위해 자기개발을 열심히 한 것도 아니다. 소속된 기업이나 직장을 위해 최선을 다해 살았지만 남은 삶은 더 어려워지는 것 같다.

기업은 신중년 세대의 퇴출을 강요하기도 했다. 나이가 많고 연봉이 높다는 이유만으로 정년이 남았음에도 명예퇴직이나 구조조정이라는 이름을 붙여 퇴직을 강요했다. 이들이 가진 경험이나 지혜 따윈 아무 쓸모가 없다는 것이다. 그러다 보니 이들의 남은 삶은 막막하기만 하다. 왜 그럴까? 현재 우리나라 신중년 세대가 처한 여건을 간단히 조명해 보고자 한다.

포기할 수 없는 자녀교육

우리나라 가구의 사교육비 지출이 두 자녀 가정은 월평균 64만 원 정도로 가계 생활비의 51%를 차지한다고 한다. 생활비의 절반이 넘는 금액을 자녀교육에 지출하는 것이다. 또한 사교육비 부담은 학년이 올라갈수록 점점 더 늘어나면 늘어나지 줄어들지 않는 구조적 특성을 가지고 있다. 이렇게 무리하게 투자하는 사교육이 효과라도 있으면 다행일 텐데 꼭 그렇지만은 않은 듯하다. 많은 교육비를 투자하고 자녀들이 대학에 들어가도 끝이 아니다.

2018년 기준으로 4년제 대학을 다니는 학생이 대학입학부터 졸업까지 주거비를 제외한다면 5,820만 원가량의 비용이 든다는 통계도 있다. 자녀가 두 명이라면 대학기간 동안 1억 1,640만 원가량의 비용이 드는 셈이다. 취업준비에 들어가는 비용까지 합한다면 더 많은 비용이 들 것이다.

시대가 바뀌어 이들은 자녀들의 부양을 받고 사는 것은 꿈도 못꾸고 있으며 오히려 자녀들의 취업난으로 자녀양육기간이 길어지고 있다.

끝이 보이지 않는 대출금 상환

30대에는 내 집을 마련하느라 고생고생하며 겨우 집 한 채를 장만했건만 대출을 다 갚으니까 집을 늘리느라 또다시 대출을 받았다. 그나마 집 한 채라도 마련해 본 사람은 다행이지만 부동산 투기 열풍에 휩쓸려 겨우 집 한 채 마련한 베이비부머는 아직도 대출금 상환 중이다.

퇴직 전까지 은퇴준비를 마쳐도 힘든 상황에 대출금 상환이 끝나기 전에 퇴직해야 하는 상황이다. 퇴직 전에 대출을 갚으려다 보니 매달 상환금액을 늘릴 수밖에 없었고, 원리금 상환액이 가계지출의 중요한 부분을 차지하여 은퇴준비는 늘 뒷전이었다.

최근 집값 하락과 전셋값 상승으로 주택대출을 안고 있는 베이비부머의 부담이 점점 더 가중되고 있는 실정이다. 평생 현역으로 살아갈 수만 있다면 주택대출 상환도 큰 무리가 아닐 것이나 현실은 그렇지 못하다. 직장에서 퇴직과 함께 그동안의 관계가 일시에 정리되고, 새로운 관계가 형성된다.

20~30년 이상을 지탱해 온 명함에 한 줄의 소속을 기록할 여유도 없다. 망망대해에 떠있는 일엽편주(一葉片舟)라고나 할까? 그래도 주택대출금 상환일자는 어김없이 다가온다. 빚쟁이 독촉장 같은 느낌이 들 때도 있다.

외면할 수 없는 부모부양

자녀를 가르치고 양육하는 것은 부모로서의 의무(義務)이고, 부모로부터 받은 사랑을 자녀에게 나누는 것은 인간으로서의 순리(順理)다. 베이비부머의 또 다른 역할은 장수하는 노부모의 부양의무까지 책임지는 것이다.

경제력이 없는 부모 입장에서도 답답하기는 마찬가지다. 부모님들이 열심히 일하던 20~30년 전에는 정년퇴직 후 몇 년 만 버티면 편안하게 세상을 떠날 줄 알았다. 하지만 최근 의료기술이 급속도로 발전하면서 평균수명이 10년 이상 길어졌다. 친가와 처가 한쪽 부모만 부양할 수 없다는 것도 달라진 세태이다. 의술이 발달하는 건 좋지만 동시에 의료비용, 간병비용 등도 늘어나 사실상 노부모 부양에 생계가 곤란한 때도 적지 않다. 물려받은 상속 재산이라도 있다면 그나마 다행이다. 그렇지 않은 경우라면 실로 어려운 삶이 지속된다는 것이다.

베이비부머는 경제적 · 정신적으로 벼랑 끝에 서있는 심정이다. 벼랑 끝에서 떨어질 것인지, 새로운 삶을 시작할 것인지는 오로지 그들의 선택에 달려있다.

"지금은 돈 나갈 데가 많지만 나중에 늙으면 돈 쓸 데가 없으니 소비가 줄겠지" 하고 생각할 수도 있다. 하지만 소비구조는 쉽게 바뀌지 않는다. 준비하지 않는다면 미래의 삶조차 담보할 수 없다. 가계 소비구조와 소비행태를 근본적으로 바꿀 수 있는 대책을 마련하지 않고서는 노후준비가 쉽지 않다.

4. 신중년과 카이로스(kairos)

유사 이래 시간은 늘 존재해 왔지만 시간에 대한 인간의 생각은 산업발전과 함께 바뀌어 왔다. 철학적 사유를 발달시켰던 고대 그리스인은 시간을 '크로노스(Chronos)'와 '카이로스(Kairos)'로 구분했다.

> '크로노스'는 과거부터 미래로 일정 속도 · 일정 방향으로 기계적으로 흐르는 연속되는 시간을 말하며, '카이로스'는 인간이 스스로 주관적으로 개입할 수 있는 시간을 말한다. – 위키백과사전

즉, '크로노스'는 물리적으로 흘러가는 객관적 측정기구인 시계와 달력상에 나타나는 시간으로 인간활동과는 분리된 절대적 양의 개념으로 정의했다. 다시 말하면 태아가 어머니 뱃속에서 열 달을 기다려야 출생한다는 절대적 시간을 의미하며, 1일, 1개월, 1년처럼 약속에 의해 객관적으로 흘러간다.

이와 달리 '카이로스'는 특정한 의미가 부여된 주관적인 시간이다. 태아를 잉태한 어머니가 아이의 출산을 기다리는 의미 있는 시간이다. 인간이 현실에서 특정한 의미를 스스로 부여하는 가치의 개념이다. 카이로스는 사건별로 진행되며, 천천히 가기도 하고, 급속히 흐르기도 하며, 때로는 멈추기도 한다.

시간과 공간은 인간의 삶을 규정하는 기본조건이다. 인간은 누구나 시간의 함수인 생로병사를 필연적으로 맞이하며 숙명적인 제약

을 벗어날 수 없다. 문명의 발달로 활동공간은 늘어났다고 하지만 어디까지나 표면적 개념이다. 시간은 오직 인간에게만 주어진 가치이며 동물에게는 시간이라는 개념이 존재하지 않는다.

독일의 철학자 헤겔은 본능으로만 움직이는 동물은 단순한 생존만 반복하기에 시간이 존재하지 않는다고 했다. 오직 인간에게만 시간이 있다는 의미다. 고대 그리스인들이 카이로스만을 인간의 시간으로 간주한 것과 마찬가지 맥락이다.

역사에서의 시간 개념도 카이로스다

객관적으로 주어진 시간에 인간이 참여하고 상호작용으로 만들어 가는 사건의 연속과 그 결과물에 대한 주관적 해석이 역사이기 때문이다. 인간의 삶을 지탱하는 문명의 발전이나 창조의 원리도 카이로스적 시간에서 일어난다. 누군가에게 주어진 카이로스에 특별한 의미를 부여할 때 창조가 일어난다.

조선왕조의 건국이념을 '인의예지신(仁義禮智信)'이라는 다섯 자로 표기하고, 조선사 5백년의 사초를 몇 권의 책으로 요약하기도 하고, 불과 1년의 삶이 수십 페이지에 걸쳐 설명되는 경우도 '카이로스' 사례다.

개인 차원에서도 3년의 시간이 특별한 의미 없이 흘러갈 수 있고, 인생에서 한순간이 전체 삶의 분기점이 되기도 한다. 인생 3막을 준비하는 신중년이 지금까지의 경험적 삶을 크로노스로 간주할 것인가, 카이로스로 재정립할 것인가는 오직 그들의 선택에 달렸다.

그동안의 직업생활을 통하여 성취한 경험을 몇 페이지의 기록으로 남기는 것은 의미 있는 시작이다. 이를 통하여 청소년들이나 후배들에게 작은 감동으로 공감할 수 있다면 이 또한 '카이로스'적 삶을 시작하는 것이다.

우리의 생각은 과거와 미래로 끊임없이 흩어지며, 현재와의 접속이 수시로 끊기기도 한다. 과거, 현재, 미래의 시간 중에 실재하는 것은 현재뿐이다. 변하지 않는 행복의 속성도 현재에 집중하기다. 현재 경험에 몰입하면 시간이 정지된 것처럼 느껴지고, 깊은 삶의 의미에 닿을 수도 있다.

몰입 경험을 더 자주, 더 많이 할수록 의미 있는 삶이 된다. 시간을 '과거 대 현재', '현재 대 미래'라는 대립만으로 인식하면 곤란하다. 현재와 떼어낼 수 있는 과거는 없고, 현재에 뿌리 내리지 않은 미래는 없다. 과거, 현재, 미래 사이에는 그 어떤 경계도 없다.

단테는 "모든 시간이 곧 지금 이 순간"이라고 말했다. 과거를 잊고 미래를 무시하라는 말이 아니다. 과거와 미래에 매달려 지금 이 순간을 놓쳐서는 안 된다는 것이다. 과거를 지우는 데 많은 시간을 소비하고, 미래를 위해 현재를 희생해야 한다고 믿으면 의미 있는 삶과는 멀어진다.

과거에 가치를 부여하는 것도, 미래를 풍요롭게 만드는 것도 현재에 충실해야 가능하다. 과거는 깨끗해야 한다고 주장하는 사람, 미래는 지금보다 더 나아져야 한다고 웅변하는 사람 모두 지금 당장의 현실에 주의를 더 많이 기울여야 한다.

"신중년인 당신은 과거의 삶에서 벗어났는가? 현재의 삶 속에서

허우적거리고 있는가? 인생 3막을 위해 '카이로스'적 삶을 준비하고 있는가?"

시대변화에 따라 시간의 개념이 변하는 것은 자연스럽다. 현대사회에서 시간은 기업은 물론 개인적 차원에서도 소중한 자원이다. 농경시대의 신분제사회에 구속되어 평생을 살아가야 했던 평민과 노예의 삶은 단순한 생존의 반복에 불과했지만, 4차 산업혁명시대에 인생 3막을 살아야 하는 신중년의 삶은 개인적 노력에 따라 삶의 지평을 확장할 수 있다. 카이로스는 신중년에게 삶의 출발점이자 성찰(省察)의 시간이 되기 때문이다.

5. 남은 시간을 위하여

지금 나에게 남은 시간은 얼마나 될까? 60세에 퇴직하고 90세까지 생존한다면 30년이라는 노후생활이 주어진다. 10년이면 강산도 변한다는 말이 있다. 강산이 세 번은 변하는 시간이다. 월(月)로 환산하면 360개월이고, 일(日)로 환산하면 10,950일, 주(週)로 환산하면 1,560주, 시간(時間)으로는 262,800시간이 된다. 1일 8시간 근로조건으로 따지면 62,400시간이다.

<table>
<tr><th>구분</th><th>주</th><th>시간</th><th>주 5일
근로</th><th>1일 8시간
근로</th><th>비고</th></tr>
<tr><td>노후생활
30년</td><td>1,560주</td><td>262,800</td><td>7,800일</td><td>62,400시간</td><td rowspan="3">“어떤 일을 할 것인가?”
화향천리행 인덕만년훈(花香千里行 人德萬年熏)</td></tr>
<tr><td>노후생활
20년</td><td>1,040주</td><td>174,720</td><td>5,200일</td><td>41,600시간</td></tr>
<tr><td>노후생활
10년</td><td>520주</td><td>87,360</td><td>2,600일</td><td>20,800시간</td></tr>
</table>

1만 시간의 법칙이란 말이 있다. 어떤 분야에서 전문가가 되기 위해서는 최소한 1만 시간 정도의 훈련이 필요하다는 말이다. 1만 시간은 매일 3시간씩 훈련할 경우 약 10년, 하루 10시간씩 투자할 경우 3년이 걸린다. 1993년 미국 콜로라도 대학교의 심리학자 앤더스 에릭슨(K. Anders Ericsson)이 발표한 논문에서 처음 등장한 개념이다. 세계적인 바이올린 연주자와 아마추어 연주자 간의 실력 차이는 대부분 연주시간에서 비롯된 것이며, 우수한 집단은 “연습

시간이 1만 시간 이상이었다"라고 주장했다.

신중년이 가진 가장 많은 자산은 시간이다. 흔히 시간부자(time rich)라고 말한다. 1일 4시간이 아니라 1일 8시간 또는 그 이상이라도 투자할 수 있다. 그렇다면 70세까지면 최소한 두 가지 분야에서 전문가가 되어 있을 것이다. 그동안 해보지 못한 생소한 일보다 익숙한 일에서 성숙도를 높인다면 그 시간은 더 단축될 수 있을 것이다.

실행에 옮겨 보자. 남은 시간의 3분의 1은 잠자는 시간으로 간주해도 나머지 175,200시간 이상은 뭔가를 해야 한다. 주 5일 1일 8시간 근로를 기준으로만 환산해도 62,400시간이 된다. 이 많은 시간을 그저 놀기만 하면서 보낸다는 것은 현실적으로 불가능하다. 하는 일 없이 매일 놀기만 한다면 환상적인 삶이 될까?

그렇다면 월간 계획표를 작성해 보자. 스마트폰에 매일 할 일들을 간단하게라도 작성해 보자. 현직에서의 시간표는 칸이 모자라다 기록할 수 없을 일들로 가득 차 있을 것이지만, 퇴직 후의 시간표는 의미 있는 활동으로 채우기가 만만치 않을 것이다.

내 친구 중 한 명이 멋진 시간표라며 보여 주기에 봤더니 4일은 놀러 다니고 3일은 쉬는 것으로 세워 놓은 것이다. 일주일 중 4일은 놀고 3일은 쉬는 시간표가 멋지다고 보여 주는 친구, 과연 일주일 내내 이렇게 놀면서 30년을 보낼 수 있을까?

효과적으로 시간을 보낼 방법으로는 연령대별로 희망하는 생활을 그려 보는 것이 좋다. 자신의 신체적 · 정신적 건강상태를 고려해서 연령대별로 가능한 시나리오를 작성해 보는 것이다. 국민소득과 의료기술의 발달로 평균기대수명은 매년 증가하고 있다. 2018년 11월 말 통계에 의하면 60세인 남성의 남은 기대수명이 25년, 여성의 남은 기대수명은 27세라고 한다.

한편, 한국고용정보원에서 조사한 자료(한국고용정보원, 2015년 고용패널 브리프)에 의하면 노동시장에서 은퇴한 이후 재취업을 원하는 사람들의 비율이 늘어나고 있다고 한다. 이는 경제적 상황, 건강상태 등 여러 요소들에 의해 은퇴에 대한 결정이 번복된 것으로 다양한 원인이 존재한다.

경제적 여유를 기반으로 한 자발적 퇴직은 노년기 삶의 여유를 가져오지만, 그렇지 않은 경우 노인빈곤문제를 야기하고 심지어 자살로 이어지는 등 복잡한 사회문제를 양산하므로 은퇴 후 노동시장에 재취업하는 근로계층에 대한 다양한 특성을 파악하는 것이 중요한 정책과제로 대두되기도 한다.

중고령자 은퇴 후 재취업 특성(한국고용정보원, 2015년 고용패널 브리프)을 조사한 자료에 의하면 은퇴 후 노동시장에 재진입한 비율은 17.2%로 나타났다. 분석을 위한 응답자 1,281명 중 한 번이라도 재취업한 경험이 있는 경우가 220명으로 나타났으며, 은퇴 후 6년 이내 한 번이라도 노동시장에 재취업한 비율은 17.2%를 차지했다.

조사연도별 재취업비율 누계치

(단위: 명, %)

연도	계속 은퇴자	은퇴 비율	한 번이라도 재취업자	재취업 비율	총합계
2006~2008년	1,526	91.1	149	8.9%	1,675
2006~2010년	1,240	85.4	212	14.6%	1,452
2006~2012년	1,061	82.8	220	17.2%	1,281

자료: 한국고용정보원, 2015년 고용패널 브리프

평균수명이 80세를 넘어서고 은퇴한 이후 건강상태가 양호하여 은퇴기간도 길어지고 있는 현대사회는 과거와는 다른 새로운 삶이 주어진다.

윌리엄 새들러(William Thomas Sadler)가 주장한 이 시기는 수명이 연장되며 40세부터 70세까지 30년 정도의 기간이 보너스로 주어진다는 것이다. 이시기는 모든 활동에서 물러나 황혼의 시기를 보내는 과거의 은퇴 개념보다는 건강하고 활동적으로 뭔가를 새롭게 배우고 적당한 일과 레저로 조화롭게 생활을 운영하는 시기로 정의한다. 적절한 학습과 레저, 그리고 소득이 있는 활동들로 시간표를 채우고 그 일도 자신의 존재가치를 느낄 수 있도록 자존감을 높이는 활동들로 구성할 필요가 있다.

김형석 교수는 〈백년을 살아보니〉라는 책에서 인생의 가장 황금기는 65세부터 80세까지였다고 했다.

신중년인 당신도 이 시기의 '카이로스'적 삶을 살아야 할 가치가 있다.

어떤 일을 하고 싶은가?
자신에게 물어보라. 만약 모든 직업이 한 시간에 2달러만 지급된다면 당신은 무슨 일을 하고 싶은가? 그 질문에 대답하는 순간 떠오르는 첫 번째 일이 무급이라 하더라도 그 일을 시작하라. – 그레그 알드릭

'화향천리행 인덕만년훈(花香千里行 人德萬年熏)'이라고 한 중국 시인의 말처럼, "천리를 가는 꽃향기보다 만 년 동안 향기로울 수 있는 덕(德, 본보기)을 베푸는 삶"이 되도록 새로운 일을 설계하고 실천해 보는 것이 신중년의 보람 있고 가치 있는 삶이 될 것이다.

6. 3막 인생의 목표

사람들은 원하는 것을 꿈꿀 때 즐거워한다. 좋아하는 일을 할 때 신나게 몰입한다. 그리고 자신이 꿈꾸었던 목표를 달성했을 때 가장 행복해 한다.

목표를 세우고, 성취를 위해 노력하고, 마침내 목표를 이루었을 때 성취감과 더불어 자존감이 높아지기 때문이다. 꿈은 방향이고 목적지인데 자신의 꿈이 무엇인지 모르거나 꿈이 없는 사람도 많다.

꿈이 없는 사람은 운전대가 없는 차를 운전하는 것과 마찬가지다. 키(rudder)가 없는 배를 타고 있다고 생각해 보면 얼마나 끔직한지 상상할 수 있을 것이다. 자신이 가고 싶은 방향이 아니라 바람 부는 대로 물 흐르는 대로 흘러가는 방랑객 인생이 되고 말 것이기 때문이다.

내 인생의 운전대와 키를 내가 잡고 있어야 한다. 그러기 위해서는 내가 누구인지, 어디서 와서 왜 살며, 어디로 가고 있는지, 무슨 일을 하며 어떻게 살아갈 것인지 끊임없이 성찰해야 한다.

그동안 필자는 강의를 통해 5천 명 이상의 교육생을 대상으로 꿈에 대한 질문을 해봤다. 공무원, 은행원, 선생님, 돈, 창업, 행복, 전원주택 등 자신의 직업적 희망을 꿈이라고 대답한다.

꿈과 직업은 다르다

꿈이 무엇이냐고 물으면 대부분의 학생들은 직업으로 대답한다.

학생들은 장래 꿈이 뭐냐라는 질문에 공무원, 선생님, 작가, 경찰관, 법관, 의사, 과학자, 대학교수 등의 직업을 들며 그런 사람이 되는 것이 꿈이라고 한다.

그들이 말하는 꿈은 일생을 두고 계속 변하고 성장하는 '꿈 너머 꿈'을 상상하는 것이 아니라 어떤 시점에 자신이 처한 지위획득을 꿈으로 인식하고 있는 것이다. 꿈을 직업에 고정된 것으로 한정하고, 그 이상의 활동과 역할에 대한 큰 가치를 잊고 있는 것이다. 꿈을 직업과 연계시키면 많은 사람들이 꿈을 이룬 것이 된다.

사실 그런가? 그렇다면 대기업이나 공기업, 공무원 등 흔히 괜찮은 조직에서 직장생활을 하는 사람들의 꿈은 비교적 쉽게 확인할 수 있다. 신입사원의 7년 후의 꿈은 그 부서에서 과장이 되는 것이고, 10년 후에는 차장, 15년 후에는 부장이 되는 것이다. 과연 이렇게 설정하는 것이 꿈일까?

이것은 자신의 꿈을 이루어가는 과정의 일부인 작은 목표에 지나지 않는 것이다. 작은 목표를 꿈이라고 인정하는 순간 그것이 달성되었을 때부터 꿈이 없는 사람이 된다. 꿈은 살아서 움직이는 유기체와 같은 것이다. 물을 주며 매일 가꾸지 않으면 시들어 버리는 콩나물 기르기와 같은 것이다.

나팔꽃처럼 바라만 보고 있으면 금방 시들어 버리는 꽃과도 같다. 물을 주고 햇빛을 맞이할 때 비로소 열매를 맺게 할 수 있는 것이다. 꿈은 자신이 알고 있는 직업이 아니다. 음악을 좋아하면 음악에 빠지고, 요리를 좋아하면 요리에 빠지고, 스포츠를 좋아하면 스포츠에 빠지는 것이 먼저다. 그러다 보면 그 안에서 다양한 직업으로 발전하게 된다.

'직업은 꿈을 찾아가는 과정'이다

꿈은 계속 성장 · 발전되어야 한다. 자신의 재능을 찾아내고 '나다움'을 발휘하며 내가 진정으로 행복해질 수 있는 활동과 역할을 하고 사는 것이라면 그것이 무엇이든지 꿈이 될 수 있다.

인생은 꿈과 의욕만으로는 아무것도 이룰 수 없다. 치밀한 전략과 계획, 이에 대한 철저한 준비와 실행이 뒤따라야 한다. 많은 책에서 꿈과 열정만 있으면 다 이룰 수 있는 것처럼 기술하고 있지만 막상 해보면 그렇지 않다. 안 될 것을 알면서도 될 것 같다는 희망을 주어서 상대를 고통스럽게 하기도 한다.

꿈만 꾸면 누구나 무엇이든 이룰 수 있다는 말 또한 정답이 아니다. 생생하고 선명하게 꿈만 꾼다고 행복한 성공이 저절로 다가오는 것도 아니다. 그렇게 되어서도 안 된다. 의미 있는 꿈만 이루어져야 하는 것이다. 설계도가 만들어지고 시방서대로 실제 건물을 시공해야 건물이 완성되는 것과 마찬가지다.

꿈이나 목표는 행복과 밀접한 관계가 있다

삶을 통하여 참 행복하다고 느끼는 순간들은 무언가 스스로 원했던 것을 성취해 냈을 때 얻어지는 감정과 깊은 관계가 있다. 그 순간이 가장 행복한 것이다. 결과뿐 아니라 자신이 추구하는 목표를 달성하거나 목표에 다가가고 있다고 믿을 때 행복감을 느낀다.

목표와 행복과의 관계를 설명한 오스틴과 밴쿠버(Austin & Vancouver)의 목표이론에 의하면 인간은 "목표의 설정, 목표를 향한 도전, 그리고 목표를 성취했을 때 행복을 느낀다"고 한다.

윌슨(Wilson)은 "행복을 목표성취의 관점에서 바라봤을 때 인생에서의 목표와 성취 간의 격차가 작을수록 더 행복하다"고 말한다.

이와 같이 목표이론은 개인이 지향하는 목표의 유형과 목표를 성취할 수 있는 가능성 목표를 향한 진전 속도에 의해서 행복이 결정된다고 본다. 목표를 향해 나아 갈 때 두 가지 관점에서 직시할 필요가 있다. 하나는 이성적인 관점이고, 다른 하나는 감성적인 관점이다.

이성적 관점(理性的 觀點)

이성적 관점이란 우리가 추구하고 있는 목표의 가치전제(價値前提: 특정 사태의 '바람직함'을 제시하는 가치판단)에 대한 문제이다. 인간은 자신이 가치 있는 존재이기를 원한다. 행복은 지속해서 유입되는 정도(程度)들을 어떤 가치기준으로 평가하느냐에 따라 결정된다. 각자가 특정 상황에 어떤 선택이나 결정을 내려야 할 때 특정한 방향으로 행동하게 하는 원칙, 믿음, 신념을 의미하기도 한다. 따라서 목표에 영향을 미치는 가치는 목적이 타당하고 합리적이며 공리적이어야 한다.

목표는 누구나 만들 수 있지만, 그 추구하는 목표가 합리적이지 못하고 이기적이라면 그 목표가 달성되더라도 떳떳하지 못한 것일 수도 있다. 인간은 쾌락을 추구하는 동시에 의미를 추구하는 존재이기 때문이다. 인생의 의미와 가치를 발견할 수 없는 사람은 결코 행복할 수 없다.

의미를 추구하는 것은 행복의 필수조건이다.

행복에서 인생의 의미는 우리의 삶에 어떤 의미가 있는가? 무엇을 위해 어떻게 살 것인가? 이러한 물음에 답할 수 있어야 한다. 의미 있는 삶에서 현실과 욕구를 초월할 수 있는 능력을 발견하게 된다. 인간은 의미 있는 행동을 통하여 변화와 혁신을 만들어 내기 때문이다.

인생의 의미(life meaning)라는 개념은 역설적 측면을 지니고 있기도 하다. 인생은 끊임없이 변하지만 의미나 가치는 잘 변하지 않는 것이기 때문이다. 현대인들이 인생의 의미를 발견하는 데 많은 어려움을 겪고 있는 이유는 삶에서 가치부재(value gap)를 스스로 인식하기 때문이다. 인간은 삶을 통하여 스스로 의미를 부여하고 추구하는 욕구를 지닌다. 동시에 인간은 일관성 있는 삶을 위해서 인생의 방향과 목적의식을 추구하며 가치 있는 것을 추구한다.

감성적 관점(感性的 觀點)

감성적 관점은 목표를 수행하는 도중에 얻게 되는 성취감에 대한 것들이다. 만족도를 빈도와 강도를 가지고 측정한다고 할 때 목표 수행을 통해 얻게 되는 만족의 빈도는 가능한 한 자주 일어나는 것이 좋으며, 그 정도는 클수록 좋다. 그러나 같은 강도의 성과가 반복적으로 일어나면 만족도에 적응하게 되어 둔감해지기 때문에 강도의 변화도 중요하다. 우리가 추구하는 인생 목표가 그 목적의 당위성과 추구과정에서 얻어지는 성과가 지속될 때 목표달성의 추진력이 유지되고 가능성이 높아지며 행복도도 높아지게 된다.

빈도만을 생각하면 만족도가 떨어지고 강도만을 강조하면 지속성에 문제가 될 수 있다는 사실은 복권당첨 사례에서도 확인된다. 복권에 당첨된 사람들의 행복지수는 당첨시점을 기준으로 급격히 증가하지만, 일정시간이 지나면 종전의 상태와 크게 다르지 않거나 오히려 나빠지기도 한다. 흔히 이를 '한계효용 체감의 법칙'이라고도 한다.

행복에서 더 중요한 것은 구체적인 목표와 더불어 추상적이고 장기적인 목표를 함께 추구하는 것이다. 추상적인 목표만을 추구하는 경우는 그 달성가능성을 확인할 수 없으며, 구체적 목표만을 추구한다면 장기적인 방향감각 없이 우왕좌왕할 수도 있다. 구체적인 목표와 추상적인 목표 간의 균형을 위해서는 추상적이며 의미 있는 장기적 목표와 더불어 직접 행동으로 연계될 수 있는 구체적인 목표를 세우는 것이 중요하다.

목표 설정 10단계

인생에서 구체적인 목표를 만드는 것은 자신의 꿈에 대해 더욱 구체적인 내용을 얻는 데 매우 유용할 것이다. 성공학자들은 목표 설정의 10단계를 다음과 같이 제시하고 있다.

첫 번째 단계는 자신의 꿈(목표)을 글로 적어 본다. 자신이 앞으로의 삶을 통하여 이루고 싶은 꿈(목표)을 생각해 보고 그 내용을 종이 위에 기록해 본다. 제목만이라도 좋다. 꿈을 생각하는 단계에 머물러 있게 하지 말고 생각나는 내용을 일단 글로 적어 보는 단계이다.

두 번째 단계는 자신이 작성한 꿈(목표)을 읽어 본다. 자신이 작성한 꿈(목표)을 매일 큰소리로 읽어 보며 진행되는 사항을 점검하면 그것이 믿음이 되어 마침내 꿈(목표)을 향해 나아가게 된다. 헨리에트 앤 클라우저의 〈종이 위의 기적, 쓰면 이루어진다〉라는 책에서는 글로 적지 않고 생각만 하는 꿈은 24시간이 지나면 5%만 기억으로 남고 곧장 사라진다고 한다.

세 번째 단계는 반복해서 읽고 쓰는 연습을 한다. 종이 위에 기록한 꿈(목표)을 현재형으로 바꾸고, 이 꿈이 이루어질 수 있다는 긍정적인 믿음을 가지고 반복해서 읽고 쓰는 연습을 계속하는 것이다. 이때 "나는 매일 내가 작성한 꿈(목표)을 매일 10회 읽고 쓸 것이다"라는 다짐을 하는 것도 중요하다.

네 번째 단계는 이러한 꿈(목표)을 설정하게 된 이유가 무엇인지 성찰(省察)해 본다. 이러한 꿈(목표)을 설정한 이유를 생각해 보고, 또한 구체적인 내용을 확인하며 각각에 대하여 꿈으로 설정한 이유 세 가지를 구체적으로 찾아 기술해 보는 것이다. 이때 책을 보거나 다른 사람의 도움을 받아도 좋다.

다섯 번째 단계는 작성된 꿈(목표)의 내용을 보완하고 점검한다. 지금까지의 상황에 어떠한 변화가 있는지, 보완해야 할 부분은 무엇인지를 스스로 찾아보고 점검하는 것이다. 이런 과정을 거쳐 꿈(목표)을 수정보완하거나 추가할 수도 있다.

여섯 번째 단계는 꿈(목표)을 달성하는 데 필요한 도구가 무엇인지 분석해 본다. 이러한 꿈(목표)을 달성하는 데 필요한 지식이나 목표, 정보, 태도, 재정, 시간 등은 무엇인지를 찾아보고 이를 보완하는 단계이다.

일곱 번째 단계는 예상되는 걸림돌이나 장애물이 무엇인지 파악한다. 현재의 진행상태를 파악하고 걸림돌이 무엇인지, 예상되는 장애물은 무엇인지를 파악하고 미리 대응방안을 수립하는 단계이다.

여덟 번째 단계는 도움을 받을 수 있는 전문가를 찾아본다. 이러한 꿈(목표)을 달성하는 데 누구로부터 어떠한 도움이 필요한지를 생각해 보고 인맥(human network)을 정리해 보는 단계이다.

아홉 번째 단계는 꿈(목표)이 성취되었을 때의 모습을 스스로 그려 본다. 미래의 에너지를 오늘에 가져와 활용하는 것이다. 꿈(목표)이 이루진 후 자신의 모습을 상상하며 그때 자신에게 나타나는 긍정적 에너지를 지금부터 느껴 보는 단계로서 가장 강력한 이미지가 될 수 있다.

마지막 열 번째 단계는 꿈이 완전히 달성될 때까지 포기하지 않는 것이다. 꿈(목표)을 이룬다는 것은 결코 쉬운 일이 아니다. 여러가지 장애요인은 물론 시간적 · 경제적 어려움도 예상된다. 추진과정에서 포기하고 싶은 충동을 느낄 때가 있을 수 있다. 그러나 마지막 고지를 향하여 한 발 한 발 다가가는 자세로 100% 완성될 때까지 포기하지 않아야 한다. 신중년에게는 마지막 도전의 기회일지 모른다. 이를 놓치면 다시는 돌아오지 않는 강을 건너는 것과 같은 것이다.

7. 3막 인생의 소중한 것들

"제일 좋은 대학이 어디인가?" 대학 2학년 1학기 수업시간에 학생들에게 던진 질문이다. 서울대, 고려대, 연세대, 카이스트, 포항공대… 등등 다양한 대학 이름이 쏟아졌다. 한참이 지난 후 한 학생이 질문의 의도를 간파했는지 자신이 다니고 있는 대학(지방의 한 대학)의 이름을 말했다. 교수는 그에게 작은 선물을 주었다.

"여러분들이 다니고 있는 이 대학은 여러분들이 지금까지 살아오면서 그토록 진학을 원했던 대학입니다." 여러분은 이러한 말에 동의할 수 있는가? 동의하지 않아도 결과는 달라지지 않는다.

국적은 바꿀 수 있어도 학적은 바꿀 수 없다는 말로 이어졌다. 지금 이 순간 여러분들이 선택할 수 있는 것은 현실을 인정하는 것이다. 비록 불만이 있을 수 있지만, 피할 수 없는 현실이라면 즐길 수 있는 자세가 필요하다. 이렇게 함으로써 지금의 삶에 행복이라는 단어를 떠올릴 수 있기 때문이다.

행복에는 '절대 타이밍'이 있다. 조금만 더 빨랐거나 조금만 더 늦었어도 그토록 행복하지 못했을 순간들이 있다. 그래서 누구에게나 시간을 되돌릴 수 있다면 딱 한 번만이라도 돌아가고 싶은 순간이 있을 것이다. 반면 "그때 그러한 선택을 하지 않았다면 내 인생이 이렇게 꼬이지 않았을 것"이라고 생각할 때도 있다.

〈어바웃 타임(about time)〉이라는 영화에서 주인공 '팀'은 아버지가 시간을 되돌릴 수 있는 마법을 가지고 있다는 것을 알고 있었다.

이는 조상들로부터 전승되어 오는 가문의 비법이기도 했다. 삶에 지쳐 힘들고 어려움에 처하면 조용히 눈을 감고 그 어려움이 일어난 과거로 되돌아가 힘들고 고통스러운 과거의 시간을 지우고 그때부터 새로운 삶을 시작할 수 있다는 줄거리다.

아버지가 폐암 말기의 고통을 겪으면서도 과거의 시간을 지우지 않고 조용히 죽음을 맞이하는 것을 보고 아들이 아버지에게 물었다.

"왜 아버지는 과거로 돌아가 아픈 시간들을 지우지 않았나요?"

"음…" 한참이 지났을 때 아버지가 말했다.

"엄마는 내가 담배를 피우는 모습을 바라볼 때가 가장 멋있어 보였다고 말했어. 나는 엄마에게 항상 멋있는 모습을 보여 주고 싶어했고, 엄마는 그 모습을 좋아했단다. 과거 시간을 지우면 너와 네 동생도 이 세상에서 없어지기 때문이란다"라고 말했다.

잘못된 선택으로 힘들고 어려울 때 과거로 돌아가면 그 상황을 피할 수 있을 것만 같다. 안타깝지만 지난날에 벌어진 일은 어떤 것도 되돌리거나 바꿀 수 없다. 그러나 과거에 있었던 사건이 현재 나에게 미치는 영향은 바꿀 수 있다. 과거의 사건은 되돌릴 수 없지만, 삶을 바꿀 수는 있는 힘이 내 안에 있는 것이다.

과거는 현재의 디딤돌이고, 현재는 미래의 마중물이다

디딤돌과 마중물을 잘 이용하는 지혜가 필요하다. 그것은 '한해를 맞이하는 꿈과 하루를 시작하는 행동'이 결정한다. 하루를 맞이하는 생각과 행동에는 크게 세 가지가 있다.

첫 번째는 "오늘도 귀찮지만 누군가를 만나야 하고 하기 싫은 일도 해야 해." 두 번째는 "상황은 안 좋지만 참고 일어나야지, 그렇지 않으면 어떻게 하겠어?" 세 번째는 "하나님께서 나에게 오늘이라는 현재(present)를 선물로 주셨고, 누군가와 이 선물을 나누기를 원하셔."라고 생각한다.

어떤 생각과 행동을 선택하느냐에 따라 오늘부터 시작되는 미래의 삶이 달라질 수 있다. 생각하지 않고 말할 수 없다. 생각하지 않고 글을 쓸 수도 없다. 생각하지 않고 행동하는 것도 어리석은 일일 것이다.

〈하나님의 하루〉라는 책에서 손기철 장로는 하루를 맞이하는 생각과 행동에 대해 다음과 같이 말하고 있다.

> "아침을 맞이하는 내 마음이 정말 중요하다는 것을 깨달아야 합니다. 시간의 아침은 세상으로부터 오는 것이지만, 마음의 아침은 하나님 나라로부터 옵니다. 시간의 아침을 뉴스로 밝히기 전에 마음의 아침을 생명의 말씀으로 밝힙시다."
>
> – 손기철, 〈하나님의 하루〉, 2017.

현재의 삶을 바꿀 수 있는 또 하나의 힘은 '삶의 우선순위'를 정하는 것이다. 어떻게 하면 많은 일을 하느냐가 아니라 어떻게 하면 소명과 목표에 맞는 일을 하는가란 기준을 갖는 것이다.

신중년의 인생 3막을 준비하는 삶에 더욱 의미 있는 말이다. 그동안의 삶을 성찰(省察)하고 이를 디딤돌로 삶아 인생 3막을 설계하며 의미 있는 삶을 준비해야 할 것이다. 오늘 하지 않아도 되는 일과 하지 말아야 할 일을 선택하고, 급한 일보다 중요한 일을 더 소중히 여기는 습관을 갖는 것이 신중년의 삶을 준비하는 첫 시작이 되어야 할 것이다.

애플의 창립자 스티브 잡스가 병상에서 자신의 과거를 회상하며 남긴 마지막 메시지는 인생에서 소중한 것들이 무엇인지 생각하게 한다.

> "이제야 깨닫는 것은 평생 배 굶지 않을 정도의 부만 축적되면 더 돈 버는 일과 상관없는 다른 일에 관심을 가져야 한다. 그건 돈 버는 일보다는 더 중요한 뭔가가 되어야 한다. 그건 인간관계가 될 수 있고, 예술일 수도 있으며 어린 시절부터 가졌던 꿈일 수도 있다.
> 하나님은 우리가 사랑을 느낄 수 있도록 감성이란 것을 모두의 마음속에 넣어 주셨다. 평생 내가 벌어들인 재산은 가져갈 도리가 없다. 내가 가져갈 수 있는 것이 있다면 오직 사랑으로 점철된 추억뿐이다. 가족을 위한 사랑과 부부 간의 사랑 그리고 이웃을 향한 사랑을 귀히 여기고 자신을 잘 돌봐야 한다." – 스티브 잡스

인생에 소중한 것은 거창한 것이 아니다. 일상에서 느끼는 소소한 행복이다. 눈부신 아침과 수많은 저녁노을, 뽀송뽀송한 정오의 햇살과 잠들기 전 고요한 순간 등 작은 일상들로 채워지는 매 순간이 우리에게 소중한 시간이다. 이런 소중한 순간이 하루를 만들고, 1년을 만들며 남은 인생을 행복으로 초대하게 될 것이다.

새롭게 시작되는 인생 3막, 신중년의 삶을 얼마나 민감하게 느끼느냐에 따라 행복의 온도가 달라질 것이다. 시간은 나를 기다려 주지 않는다. 우리는 주어진 시간이 너무도 많은 것처럼 착각하고 살기 쉽다.

지금부터 시작하자, 신중년의 소중한 일들을!

8. 울타리를 넘어 정글로 나아가자

K씨는 공무원 정년퇴직을 2년 앞두고 있다. 결혼을 늦게 한 탓에 2명의 자녀 중 1명이 아직 대학생이다. 그는 정년퇴직 이후에 재취업을 해야 한다. 연금은 월 300만 원 정도로 예상된다. 하지만 그것만으로는 생활은 물론, 자녀학비를 충당하기도 턱없이 부족하다. 더욱이 그는 외벌이 부부다.

그에게 다음과 같은 질문을 했다. "퇴직 후에 어떤 곳에 어떤 일을 할 것인가?"라는 질문에 그는 그동안 알고 지내던 지인들이 무언가 기회를 주지 않을까 생각한다고 답했다. 이어서 "자신이 잘할 수 있는 일, 진정으로 하고 싶은 일, 가치 있는 일이 무엇인지 한 번 생각해 본 적이 있나요?"라는 질문을 던졌다.

그 순간 한동안 정적이 흘렀다. K씨는 자신이 전직 공무원이었다는 것에 매력을 느끼고 전관예우라는 관행의 이점을 바라는 지인이 있을 것이라는 막연한 기대만을 갖고 있었다. 흔히 전관예우의 유효기간은 2년이라고 한다. 전관예우로 재취업한다면 그 이점이 사라진 2년 이후에는 어떻게 될까? 다시 싸늘한 현실을 맞이해야 한다.

이제 더 이상 기댈 언덕도 없다. 그동안 쌓아온 인맥도 바뀌었다. 공직에서 받았던 명함 속 사람들은 다 옛 사람이 되었다. 그나마 공직에서 익숙했던 일도 하나둘 사라지고 제도와 관행도 많이 바뀌었다. 전관예우도 그 시효가 끝난 셈이다. 이제 다시 시작해야 한다. 준비 없이 막연한 생각만으로 맞이한 3막 인생이 본격적인 시험대에 오른 셈이다.

퇴직 후 재취업을 원한다면 자신이 가진 차별화역량과 인프라를 활용하여 특정 분야에서 차별화된 성과를 달성할 수 있다는 구체적인 제안서를 작성할 수 있어야 한다. 이는 최소한 퇴직 5년 전부터 준비해야 한다.

자신의 제안서에 무엇을 담을 것인지, 자신이 달성할 수 있는 가치는 무엇이며, 이를 어떻게 나눌 수 있으며, 이를 위해 지금부터 무엇을 준비해야 할 것인가를 면밀히 검토하여 차근차근 준비해야 한다. 필요하면 전문가의 도움도 받아야 한다. 단순히 공직에 있었다는 경력만으로 이윤을 추구하는 기업현실에서 얼굴마담하기도 어려운 것이 현실이다.

1998년 한국이 외환위기로 국가적인 위기에 처했을 때 다시 일어설 힘을 준 골프선수 박세리가 있다. 그는 하얀 맨발로 연못에 들어가 처리하기 힘든 상황에서도 공을 해결하려고 끝까지 노력해 놀라운 성과를 올렸다. 그 경기에서 그는 1998년 US오픈 우승이라는 금자탑을 세웠다. 그의 승리는 온 국민의 승리나 다름없었다.

박세리 선수에게 골프가 아닌 영어, 수학, 물리, 화학 등 수능시험 공부를 하게 했다면 어떤 결과를 가져왔을까? 또 한 명의 스포츠 스타는 박찬호 선수이다. 미국 메이저리그에서 17시즌 동안 개인 통산 476경기에 등판하여 124승 98패 2세이브, 평균자책점이 4.36의 빼어난 성적을 기록했다. 그는 '도전을 투구하다!'라는 글에서 다음과 같이 이야기하고 있다.

▶ 도전이란 무엇인가요?

"도전은 혁신의 첫 걸음입니다. 예술 공부를 하다 보니 유명한 예술가와 저의 공통점을 발견했습니다. 평범하지 않다는 점이죠. 많은 사람은 이야기하죠. 저 사람 뭔가 다르다. 이상하다. 하지만 '이상하다'는 것은 현실에 안주하지 않는다는 증거입니다."

▶ 어떤 사람들이 혁신적인 것을 창조할까요?

"현실에 안주하지 않는 사람들이 결국 혁신적인 것을 창조해 내죠. 현실에 안주하게 되면 그저 세상에 이끌려 갈 뿐, 세상을 변화시키는 것은 현실에 안주하는 1등이 아니라, 개혁하고 바꾸려 노력하는 꼴찌들의 도전에 있습니다. 남을 이기고 더 앞서나가기 위한 것이 도전이 아닙니다."

▶ 도전의 의미는 언제 느낄 수 있을까요?

"도전은 자신에게 부족한 부분을 채워나가는 과정입니다. 변화한 자신을 느낄 수 있을 때 도전의 의미를 깨닫게 될 것입니다."

▶ 젊은 청춘이 부러운가요?

"육체적으로는 가끔 부러울 때도 있죠. 하지만 청춘들이 오히려 제가 지금까지 도전하며 쌓아온 경험과 노하우를 부러워할 것 같은데요?"

▶ 청춘에게 쓴소리 한 마디를 한다면?

"유명인이 되려고 노력하지 마라. 유명인이 되고 싶다는 것은 외적인 것에 집중한다는 것을 의미합니다. 그로 인해 자신에 대한 '도전'이 목표에 대한 '집착'으로 변하게 됩니다."

– 박찬호, 도전을 추구하다. 월간 세상사는 아름다운 이야기, 2014년 4월호

길은 가까운 곳에 있다.
그런데 사람들은 헛되이 먼 곳을 찾고 있다. – 맹자

위에서 살펴본 두 명의 스포츠 스타는 아직 우리(신중년)보다 나이가 어린 후배들이다. 그러나 그들이 한 가지 분야에서 탁월한 성

과를 내고 지금도 같은 분야에서 후배들을 위해 영향력을 미치고 있다.

원숭이는 정글에 있을 때가 가장 생동감이 넘친다. 동물원의 원숭이는 사람이 던져 주는 먹이를 받아먹으며 재롱을 부릴 뿐이다. 자신의 삶을 사는 것이 아니다. 송충이는 솔잎을 먹어야 살 수 있다. 누에는 뽕잎을 먹어야 누에꼬치를 지어 명주실을 만들어 낸다. 30년 넘게 일해 온 전문분야에서 인생 3막의 일자리를 찾아야 한다. 다른 분야에서 재취업 일자리를 찾는다면, 원숭이가 동물원에서 재롱부리는 격이 될 것이기 때문이다.

전관예우로 2년간 재롱을 부리고 나면 더 이상 도전의 기회도 사라진다. 3막 인생은 최소한 퇴직 5년 전부터 준비해야 한다고 앞에서 말했다.

퇴직 후 남은 30년을 보람 있게 보내기 위해서 굳은 각오를 해야 한다. 매월 정해진 날에 어김없이 주어지던 마약 같은 월급은 이제 더 이상 기대할 수 없다. 아무도 찾지 않는 동물원의 원숭이 같은 삶을 살 수는 없는 것 아닌가?

정글에서 나뭇가지를 옮겨 다니며 싱싱한 과일을 먹이삼아 멋진 삶을 사는 정글 속의 원숭이 같은 삶에 도전해 보자. 인생 2막에서 경험한 것을 기반으로 3막 인생에 도전하는 것이 확률 높은 게임이 될 것이다.

본보기의 삶을 살아온 부모님의 삶을 자랑하는 아이들의 진지한 모습을 상상하면서 말이다.

Ⅱ

피할 수 없는 선택

1. 일과 직업

일(노동, work)과 직업(職業)이라는 용어는 일상생활에서 상호 교환적으로 쓰이고 있다. 직업은 특정한 일을 지속적으로 하는 경우를 말하는 반면, 일은 모든 직업에서 그 직을 수행하기 위한 정신적 · 육체적 활동을 총칭하는 말이다.

이처럼 종류를 불문하고 모든 직업에는 일이 있으며, 일은 정신적인 면을 강조하는 경우도 있고, 육체적인 면을 더 강조하는 경우도 있고, 양쪽이 비슷한 경우도 있다. 또한 일에 대한 시각과 태도가 부정적인 면도 있고 긍정적인 면도 있다.

부정적인 시각은 일은 근본적으로 힘들고 괴로운 것이기도 하지만, 그 대가와 보상이 충분히 주어지지 않았다는 점 때문에 비롯된 것으로 보인다. 이는 중세 이전부터 일은 대체로 강제적인 형태로 이루어졌기 때문이라고 생각된다.

이러한 시각은 현대라고 해서 온전히 불식된 것은 아니다. 반면 긍정적인 시각은, 첫째 일은 경제적 보상이 주어지고, 둘째 그 자체로 즐거움이 있고 게으름으로부터 벗어나게 하며 건강하게 살아있다는 반증이고, 셋째 자아를 실현하는 창조적 활동으로 인간을 자유롭게 할 뿐 아니라 인간을 인간답게 해줄 수 있는 것이라고 보는 태도이다.

사람은 누구라도 직업생활(일)을 해야 한다. 인간의 삶에 있어서 직업활동은 왜 필요한가? 왜 사람은 일(직업)을 해야 하는가? 인간은 직업활동을 통해서 생존에 필요한 재화를 획득하고 물질적 · 정신적 · 문화적 만족감을 누리며 삶의 보람과 긍지를 갖게 된다. 또한 인간은 직업생활을 통해서 소속감과 성취감을 느낄 수 있고 사회적 욕구를 충족시킬 수도 있다.

이와 같이 인간에 있어서 직업은 사회의 존립과 성장 · 발전을 위해 요구되는 역할을 분담하는 사회적 공헌수단이 되기도 하는 것이다. 따라서 인간은 직업활동을 통해서 사회적 지위와 권력, 명예를 얻고 사회의 한 구성원으로서 역할을 수행하게 되는 것이다.

직업(일)은 사람에게 부여된 역할인 직(職)이 있고, 그 직(職)에 따라 행하는 업(業)이 서로 조화를 이루는 것이 바람직하다.

아버지와 어머니란 직(職)에 'fathering, mothering'의 업(業)이 있어서 사회의 기초단위인 가정을 이루게 된다. 선생님의 직(職)은 'teaching'의 업(業)으로서 교육이라는 역할을 수행하는 것이다. 학생은 배운다는 학업(學業)에 증진함으로써 자신의 미래를 가꾸어야 한다. 직장인(職場人)은 직업인(職業人)으로서 책무를 다할 때 사회 구성원으로서 역할을 수행하는 것이다.

이처럼 스스로 인간의 역할을 밝히는 지렛대가 다름 아닌 '일'이며 '직업'이다. 그런데 일을 추진하는 태도와 과정은 사람마다 사뭇 다르다. 즉, 개인이 가진 직업관(職業觀)의 차이에 따라 공동체를 위한 선업(善業)의 자세로 일하는 사람이 있고, 자기만의 이기(利己)와 탐욕(貪慾)에 빠져 세상을 어지럽히는 악업(惡業)을 행하는 사람도 있다.

이는 직업이 사회의 불평등을 해소하는 하나의 수단이 된다는 사실을 간과한 것이다. 특히 가정과 학교 그리고 직장은 누구나 거쳐야 하고 머무는 곳으로, 그곳에서 벌어지는 일의 파장이 가정에는 행복을 키우고, 직장에서는 협동과 안정의 신뢰를 심고, 국가에는 번영을 이어가며, 인류에는 공존의 희망을 세우게 되는 것이다.

직업의 종류와 의미

한국직업사전에는 유사직업을 포함하여 12,700여 개의 직업이 수록되어 있고, 직업을 "개인이 계속적으로 수행하는 경제 및 사회 활동의 종류"라고 규정하고 있다.

계속적이라 함은 일시적인 것이 아니라 매일, 매주, 매월 주기로 행하고 있는 경우, 계절적으로 행하고 있는 경우, 명확한 주기를 갖지 않더라도 계속하고 있으며 현재 하는 일에 대하여 의사와 능력을 가지고 행하는 것을 의미한다. 즉, 직업(職業)이란 삶에 필요한 물자를 획득하기 위해서 계속적으로 하는 정신적 · 육체적 노동을 의미한다. 직업이란 말은 원래 직분을 의미하는 직(職, calling)과 생업(生業)을 의미하는 업(業, occupation, business)이 합쳐서 직업(職業)이라고 앞에서 설명한 바 있다.

하나의 직업 속에는 여러 개의 일자리가 포함될 수 있다. 직업을 표현하는 영어 단어들은 제각기 독특한 뉘앙스를 지니고 있어 쉽게 사용되는 범위를 이해할 수 있다. 예컨대, 영어의 'Calling'과 독일어의 'Beruf'는 신의 부름이라는 종교적 의미를 지니므로 천직이나 소명을 뜻하고, 'Business'는 영리적 사업을 뜻하며, 'Profession'은 비영리적인 전문직을 표현하고, 'Occupation'은 실제적이고 경제적인 색채가 강한 표현이다.

따라서 직업은 천직(天職)으로서의 직(職)의 의미와 생업(生業)으로서의 업(業)의 의미가 복합적으로 결합되어 있는 단어라고 할 수 있다. 이와 같이 직업(일)이라는 개념 속에는 기본적으로 경제적 의미로서의 직업(job)이라는 개념과 사회적 조명의 대상이 되는 노동(labor), 그리고 업무라는 뜻의 직무상의 일(business) 등이 포함된 의미라고 할 수 있다.

따라서 영어의 Calling과 독일어의 Beruf는 직(職)을 의미하며, 영어의 Work, Vocation, Profession, Duty, Labor, Occupation, Business와 독일어의 Geschaft 등은 업(業)을 의미하는 것으로 구분할 수 있다. 비슷해 보이지만 뉘앙스는 조금씩 다르다. 특히 독일어로 직업을 'Beruf'라고 하며 이는 영어의 'Calling(소명, 부름받다)이라는 의미로 '하나님이 인간에게 내린 소명'이라는 의미를 갖고 있다. 독일사람들이 직업의식이 강하다는 말은 어릴 때부터 학교교육을 통하여 직업(beruf)에 대한 소명의식을 철저히 배운 교육의 결과라고 할 수 있다.

동양권에서는 직업을 직(職, job)과 업(業, profession)으로 구분하고 있다. 즉, 선생님이라는 직업은 교육(敎育), 즉 가르치는 업(業)을 수행하는 직(職)을 맡은 사람이라는 의미다.

우리나라에서 사용하는 직업이라는 용어는 복합적 의미로 사용되고 있다. 곧 직업의 경우는 실제 사용하는 범위가 세분화되거나 구체적으로 명문화되어 있지 않다. 일반적으로 직업이란 "생계를 위하여 일상적으로 하는 일의 종류"라고 정의할 수 있으나 보다 구체적인 의미는 다음과 같이 구분할 수 있다.

첫째, 직업은 지속적인 공헌(contribution)을 통해 경제적 보상을 받는 일로서 보상의 내용이나 명목과 형태는 크게 문제되지 않는다. 이러한 기준에 따라서 일반적으로 자원봉사자의 활동이나 가정주부의 가사노동, 군복무 중인 군인, 아르바이트하는 학생의 경우에는 직업에서 제외되고 있다.

둘째, 직업은 수행하는 활동이 사회적 유용성(utility)을 지닌 일이어야 한다. 다시 말해 사회적 도덕성을 인정받지 못하는 반사회적인 일이나 반인륜적인 일들을 '일삼는' 경우는 온당한 의미에서 직업이라고 부를 수 없을 것이다. 예컨대, 밀수, 매춘, 걸식행위, 절도, 도박, 고리대금업자, 악덕 임대업자 등은 직업으로 인정하지 않는다.

셋째, 직업은 성인이 자율적 의사에 따라 수행하는 일이다. 근로기준법에서는 미성년자의 직업을 원칙적으로 제한하고 있으며, 법률에 의한 강제노동이나 반자율적인 활동으로 수입을 올리는 경우에도 이를 직업으로 보지 않는다.

넷째, 직업활동에는 정신적 · 육체적 노동이 수반되어야 한다. 예컨대, 노동의 제공을 수반하지 않는 이자소득, 배당소득, 임대소득이나 연금 및 각종 사회보장제도에 따라 얻게 되는 수입의 경우에도 직업으로 인정하지 않는다.

직업(職業)과 삶(life)

인간은 직업을 통해서 기본적 욕구와 사회적 욕구를 충족시키면서 살아간다. 또한 인간은 일생 중 가장 많은 시간을 직업활동을 통하여 삶을 추구하게 된다. 청소년기까지는 직업준비활동으로, 그 후에는 직업활동으로, 은퇴 후에는 생활을 통하여 습득된 지혜나 경험을 나누며 살아가게 된다. 이와 같이 직업이란 삶의 중요한 과정이자 그 현장이라고 말할 수 있다.

버틀러(Samuel Butler)는 "모든 사람이 하는 일은 그것이 문학 · 음악 · 건축 그 어느 것이든, 언제나 그 자신의 초상화다"라고 했다. 즉, 직업이란 단순히 생계를 위한 노동의 의미를 넘어 그 사람 자체(정체성, identity)를 의미한다라고 말하고 있다. 우리가 한 사람에 대해 알고자 하면 대부분 이름이 무엇이냐, 어디에 사느냐, 나이가 얼마냐 등의 물음과 더불어 무엇을 하느냐고 물어본다. 이는 곧 직업이 어떤 사람의 삶의 질과 사회적 지위뿐만 아니라 성격과 기질, 취향과 태도, 사람됨과 인격까지도 포함한다는 의미다.

직업이 인간 삶에 얼마나 중요한 의미가 있는가 하는 것은 직업이 없거나 실직한 실업자의 경우를 생각해 보면 보다 분명해진다.

심리학자 메이(Rollo May)는 "일을 버리면 급속히 자기 자신에게 이방인이 된다"라고 했다. 카뮈(Albert Camus)는 "일이 없으면 모든 생활이 타락한다"라고 설파했다. 볼테르(Voltaire)는 "일은 적어도 권태 · 악 · 가난이라는 세 가지 큰 악으로부터 우리를 지켜준다"고 했다.

인간이 직업을 가지고 살아간다는 것은 최소한 직업이 없는 사람들이 겪을 수밖에 없는 비인간적 '악'으로부터 탈출할 수 있게 하는 주요 장치라고도 할 수 있다.

매슬로우(Maslow)가 말한 인간의 욕구발달 5단계(생존, 안전,

소속, 성취, 자아실현)를 동시에 실현할 수 있는 가장 중요한 수단이 직업생활을 하는 것이다.

50대 중반에 정리해고된 한 가장(家長)의 사례를 보자.

"'우리 가족은 이제 어떻게 살아갈 것인가?' '지금까지 나는 무엇을 이루어 놓았는가?' '자녀들 교육은 어떻게 시켜야 하고, 결혼해야 하는 아이들에게는 무엇을 지원할 수 있는가?' '매일 아침 출근인사를 건네던 아내에게 오늘은 무슨 볼일이 있다고 할까?' 막막할 뿐 해결책은 잘 보이지 않는다."

대학을 졸업하고 취업준비 중인 미취업자의 경우도 마찬가지다. 대학만 졸업하면 괜찮은 직업을 찾아 당당하게 취업할 줄 알았다. 그러나 현실은 만만치 않다. 직업활동을 하지 않고는 인간의 욕구충족을 기대할 수 없다는 의미다. 따라서 직업이란 다음과 같이 세 가지의 큰 의미가 있다고 할 수 있다.

첫째, 직업은 생계유지를 위한 필수적 수단과 방법이다. 인간도 하나의 생물체이기 때문에 활동에 필요한 에너지를 확보하지 않으면 생존할 수 없고, 생존이 계속되는 한 에너지의 원천이 되는 재화를 마련하지 않으면 안 된다. 직업은 이러한 문제를 해결해 주는 수단과 방법으로, 이때의 직업을 생업(生業)이라 할 수 있다.

둘째, 개개인의 직업은 사회적 역할 수행자로서의 의미를 가진다. 인간은 생활에 필요한 물자를 혼자서 생산할 수 없으며, 다른 사람의 도움을 받아야 하는 사회적 존재다. 특히 현대와 같은 협업(協業) 경제체제에서 직업을 가진 사람은 누구든지 사회적 기능의 일부분을 분담해야 하고 그 대가로 필요한 여러 물자를 얻게 된다.

이러한 역할분담이 잘 수행될 때 사회는 전체적으로 건강하게 유지 · 발전되는 것이다. 이때의 직업은 천직(天職)으로서의 의미를 가진다.

셋째, 직업은 개개인 삶의 방식과 그 내용을 결정짓는 중요한 요인이다. 인간은 선천적 기질과 생물학적 · 유전적 조건과 환경이나 교육과 같은 후천적 조건에 따라 각각 다른 개인적 차이와 특성이 있다. 이것을 우리는 넓게 개성(個性)이라 부른다. 여기에는 소질, 재능, 취미와 태도 등이 포함될 수 있으며, 이러한 것들은 직업활동을 통해 많은 부분이 드러나고 발휘될 수 있는 것이다.

2. 내 인생의 성찰(省察)

나는 1971년 4월 첫 직장생활을 시작하여 2013년 6월 30에 만 60세가 되는 해에 정년퇴직했으니 42년 2개월간 직장생활을 한 셈이다. 올해로 만 66세가 되었으니 정년퇴직한 지도 벌써 6년이 지났다. 신중년의 한 가운데에 있는 셈이다. 신중년을 축하하는 의미로 지하철 무임승차권을 발급해 주기에 우리끼리는 서로를 '지공도사'라는 별칭으로 부르기도 한다. 지하철 개찰구에 카드를 대며, 아직 '지공도사'가 되지 않은 후배들에게 공짜 승차권을 자랑도 해본다.

지난해 6월까지만 해도 노인으로 분류했으나, 최근에는 50~60대를 신중년이라는 명칭으로 부르기로 했다니 참 반가운 일이다. 아직 사회에서 쓸모가 있다고 생각한 모양일까?

앞에서 나는 인생을 4막으로 분류한다고 했다. 인생을 100세로 보고, 30년 배우고, 30년 일하고, 20년 나누며, 20년을 비우며 죽음을 준비한다는 의미로 4막 인생으로 구분했다. 〈백년을 살아보니〉라는 책에서 김형석 교수님은 65세부터 80세까지가 가장 행복한 시기였다고 회고하기도 했다. 대학교수로 65세에 정년퇴직을 했으니 2막 인생을 65세까지 한 셈이다.

최근 정년퇴임을 한 지 30년이 지난 95세의 노(老)교수가 영어회화학원에 다니며 한 인터뷰 기사가 화제가 되고 있다.

"그 연세에 왜 힘들게 학원을 다니시느냐"고 물었더니, "대학에서 교수로서 65세까지 보냈으나, 정년 이후의 삶을 준비하지 못해

95세까지 30년 동안 무의미한 시간을 보냈다고 했다. 10년 후인 105세 생일날에 같은 후회를 하지 않기 위해 지금 영어회화학원에 다닌다"고 말했다.

인생의 가장 행복한 시기인 3막 인생의 삶은 경험을 나누는 삶을 통해 보람을 느끼는 삶이어야 한다고 강조한다. 그래야 20년 나누는 시기가 보람 있기 때문이란다. 그동안 쌓아온 경험과 지혜를 자녀와 후배들에게 아낌없이 나눠 줄 수 있어야 한다. 생각 없이 말하는 잔소리가 아니라 논리적이고 객관적인 경험을 바탕으로 지혜로운 말이나 글로 표현할 수 있어야 할 것이다.

신체적 건강상태는 40~50대 정도는 아니지만 그래도 괜찮은 편이다. 젊은이들이 하는 컴퓨터도 웬만큼 다룰 줄 안다. 스마트폰의 기능도 웬만큼 익숙한 편이다. 이대로 뒷방에서 시간 보내고 살기에는 왠지 손실인 것 같은 생각도 든다.

"학자 한 명이 학문 영역에서 벗어나면 도서관 한 개가 불타는 것과 같다"는 글을 읽은 적이 있다. 인생 2막을 30년 이상 직장생활을 했다면 강산이 3번은 변하는 경험을 했을 것이다. 1만 시간의 법칙에 의하면 3개 분야에서 전문가가 되어 있어야 하는 셈이다. 4차 산업혁명의 시작으로 인생 4막이 선택이 아닌 필수인 시대가 되었다.

무엇을 준비할 것인가?

나누면 빈자리가 생기게 마련이다. 지식을 나누면 배움에 대한 새로운 욕구가 생긴다. 그래서 빈자리를 메우기 위해 공부해야 한다. 평생학습의 시대에 무엇을 배울 것인가는 본인이 선택하면 된다. 정부에서 지원하는 다양한 교육과정도 많다. 단순한 취미도 좋다. 그동안의 전문성을 살려 새로운 일에 도전해 보는 것도 좋다. 투자자본이 들지 않고, 경험과 지혜를 나누며 새로운 부가가치를 창출할 수 있는 일이라면 어떤 것이라도 좋을 것이다. 인생 3막을 살기 위해서는 다음의 세 가지를 준비할 것을 권한다.

첫째, 육체가 건강해야 한다. 건강은 장기적인 계획이 필요하고 시간과 돈과 노력을 투자해야 한다. "인생 3막 동안 운동으로 건강을 준비해야만 인생 4막을 건강하게 살 수 있다." 물론 건강하게 오래 살 수 있다면 금상첨화이지만, 오래 사는 것보다는 사는 동안 건강하게 사는 것이 더 중요하기 때문이다.

둘째, 정신적 건강이다. 이는 시간, 노력, 돈으로도 잘 안 되는 것 같다. 그러나 신중년 세대는 하고 싶은 일을 하고 살 수 있어야 하는 때가 아닌가? 어릴 때는 부모에 의해 통제되고, 젊은 날에는 가족에 대한 책임 때문에 하고 싶은 일을 할 수 없었다. 이제 인생 3막을 맞이했으니, 남은 인생의 진정한 주인공으로 살아야 할 시기가 아닌가? 늙어서 하는 공부가 가장 재미있다는 노교수의 영어공부가 같은 맥락일 것이다. 인위적으로 젊게 보이려 하지 말고 하고 싶은 것을 마음대로 하면서 젊게 살면 된다.

마지막으로 행복한 비움을 실천하자. "인생은 살며 사랑하고 유산을 남기는 것이다. 인생은 채움과 비움이며, 채움은 기술이고, 비움은 예술이다. 인생은 오름과 내림이며, 오름은 기술이고, 내림은 예술이다."

대기업 임원으로 60세에 퇴직하고 후배들의 직장생활을 코칭하며 3막 인생을 살고 있는 한 신중년이 남긴 말이다. 남은 인생은 기술적 삶이 아니라 예술적 삶을 살아야 한다는 것이다. 더 이상 채울 것도 없고, 오를 것도 없으니 비우고 내리는 예술적 삶을 사는 것이 보람이라는 것이다. 3막 인생은 유산을 남기는 삶을 추구한다. 재산이나 물질적 유산이 있다면 이 또한 후손들을 위해 남길 수 있을 것이다. 더 바람직한 것은 물질적 유산보다 경험적 유산을 남기는 것이다. 나의 재능을 필요로 하는 사람들을 위해 일하는 것이 얼마나 즐거울까 생각해 본 적이 있는가?

직장생활을 할 때는 여러 가지 제약으로 이런 생각을 하지 못했다. 남을 위한 봉사도 있고 가족을 위한 봉사도 있는데 생계를 위한 직업생활이라 시간적 · 물질적 여유가 없었다. 그러나 이제 좀 여유가 있다. 다른 사람을 위해 내가 가진 역량을 나눌 수 있다면 이 또한 즐거운 일 아닌가?

우선 가족을 위한 나눔부터 실천해보자. 손주를 돌보는 일도 중요한 재능기부가 될 수 있다. 우리 세대보다는 풍족하지만 훨씬 치열한 경쟁사회에서 힘들게 살아가고 있는 우리네 자녀들을 위해서 말이다.

청년(靑年), 지학(志學), 약관(弱冠), 이립(而立), 불혹(不惑), 지천명(知天命), 이순(耳順)이 세상의 중심이었던가?

이제는 고희(古稀), 희수(稀壽), 미수(米壽), 백수(白壽), 상수(上壽)가 조명받는 시대이자 생명이 연장되는 사회로 바뀌고 있다.

인생 3막을 시작하며 인생 2막까지의 삶을 성찰(省察)해 보는 것부터 시작해 보자. 그동안의 삶을 글로 남기고, 책으로 남길 수 있다면 이 또한 큰 보람이다. 우리 아이들에게 이보다 더 큰 선물이 있을까?

3. 인간의 성장과 욕구충족

중국 전통 의학서로서 가장 오래된 핵심교재인 〈황제내경(黄帝内经)〉에는 인간의 성장과정을 여성의 신체변화의 특성에 따라 숫자 '7'을 기준으로 설명하고 있다.

'7'이라는 숫자는 우리 인간사(人間事)와 밀접한 관계를 맺고 있다. 성경에는 하나님이 태초에 천지를 창조하고 7일 만에 만물을 창조했다고 기록되어 있다. 사람의 얼굴에는 7개의 구멍이 있고, 몸에는 7가지의 구멍이 있다.

여자들은 7의 4배수인 매 28일마다 생리를 하며, 아이는 7의 40배수인 280일 만에 태어난다. 우리 조상들은 산모가 아이를 낳고 7의 3배수인 21일 만에 첫 외출을 하도록 했다. 아이가 태어나서 7세가 되면 남녀가 동석을 금하는 윤리기준(倫理基準)도 있었다. 숫자 7과 인간이 관련된 이야기는 이 외에도 얼마든지 많이 있다.

다음 표에서 보는 바와 같이 여자의 일생은 7의 배수로 변화되며, 남자의 일생은 8의 배수로 변화된다. 우리 선조들은 남녀 7세가 되면 자리를 함께하는 것을 금(禁)하도록 '남녀7세부동석(男女七世不同席)'이라는 윤리기준을 정하고 실천하도록 가르치기도 했다.

여자나이 7세가 되면 스스로 행동하고 판단하려는 이성(異性)이 발로되는 나이가 된다. 이때의 보편적인 특성은 고집이 세고, 주장이 강하며, 부모의 말을 잘 듣지 않고, 스스로 행동하려는 경향이 강하게 나타난다. 이때의 아이들을 '미운 일곱 살'이라고 부르기도 한다. 이 시기까지의 아이들은 훈습기(熏習基), 자연인(自然人)이라

<table>
<tr><th>구분</th><th>~10세</th><th>~20세</th><th>~30세</th><th>~40세</th><th>~50세</th><th>~60세</th><th>61세~</th></tr>
<tr><td>여자</td><td>~7</td><td>14</td><td>21</td><td>28</td><td>35</td><td>42</td><td>49</td></tr>
<tr><td>남자</td><td>~8</td><td>16</td><td>24</td><td>32</td><td>40</td><td>48</td><td>56</td></tr>
<tr><td>인성모형</td><td>□</td><td>□</td><td>□</td><td>△</td><td>▽</td><td>▽</td><td>○</td></tr>
<tr><td>욕구충족</td><td>+</td><td>+</td><td>+</td><td>×</td><td>−</td><td>−</td><td>÷</td></tr>
<tr><td>의식단계</td><td>모방</td><td>생각</td><td>행동</td><td>태도</td><td>습관</td><td colspan="2">인생(운명)</td></tr>
<tr><td>논어</td><td>지학
(志學)</td><td>약관
(弱冠)</td><td>이립
(而立)</td><td>불혹
(不惑)</td><td>지천명
(知天命)</td><td>이순
(耳順)</td><td>회갑
(回甲)</td></tr>
<tr><td>과정</td><td>훈습
(薰習)</td><td colspan="2">학습(學習)+
학문(學問)</td><td colspan="3">실천(實踐)</td><td>계승
(繼承)</td></tr>
<tr><td>지도자</td><td>부모</td><td colspan="2">선생님+부모</td><td colspan="2">조직의 장</td><td colspan="2">사회어른</td></tr>
</table>

고 부르며 이들의 행동과 성장에 근본적 책임은 부모에게 있다. 7세가 되면 이제 부모로부터 가정교육(EQ교육)을 마치고 그들의 나이에 맞는 지식을 배우며 인간관계를 형성해 가는 교육을 받아야 한다. 이런 교육을 받기 위해 전문가들이 있는 학교에 간다. 학교에서는 선생님으로부터 전문적인 지식과 친구들과의 교우관계를 통하여 나와 다름을 배우고 익히며 나이에 맞게 성숙되어 간다.

이 시기를 학문기(學問基)라고 부르며 이들에 대한 행동과 성장 책임은 부모와 선생님에게 있다. 여자아이 14살이 되면 초경(初經)을 경험하고 처음으로 여성으로서의 새로운 삶이 시작되어 42세까지 활발한 여성의 삶이 전개된다. 여자나이 42세가 넘으면 서서히 갱년기로 접어들어 49세가 지나면 폐경기(閉經期)에 이르고, 여기까지를 여성의 인생 1주기라고 부르기도 한다.

인성(人性)의 성숙(成熟)단계

인성은 인간관계(人間關係)에서만 나타나는 특징이다. 인성이 머물고 모습을 보이는 곳은 사람과 사람 사이이며, 성숙단계에 따라 모형이 다르게 나타난다. 이러한 모형을 보고 개인의 인성가치를 평가하기도 하며, 교육의 방향이나 내용을 설정하기도 한다. 인성의 성숙모형을 인간의 욕구충족(欲求充足)과정과 비교하여 네모(□), 세모(△), 동그라미(○)로 구분하여 그 특징을 설명하고자 한다.

네모(□) 유형은 전 생애를 거쳐 지속적으로 나타나는 채우고 쌓아가는 욕구(needs)에 해당된다. 세모(△▽)의 유형은 상향의지의 열정과 하향의지의 갈등이 상충하며 내면적 자아를 형성해 가는 욕구에 해당된다.

동그라미(○) 유형은 인간의 내면적 욕구와 외면적 욕구가 끊임없는 갈등을 겪으며 마침내 진정한 어른(장, 리더)으로서 완성단계에 접어드는 유형이다.

인성의 성숙모형을 시기별로 좀 더 구체적으로 살펴보면 다음과 같다.

훈습기(熏習基)의 인성모형

10세까지의 인성모형은 네모(□) 유형이다. 이 시기는 반복적 모방으로 전적으로 부모의 행동을 따라 배우고 익히게 된다. 스스로 옳고 그름을 판단하고 행동으로 옮기는 것이 아니라 부모의 행동은 전적으로 옳다고 믿는 시기로 이를 훈습(薰習)활동이라고 한다. 마치 향나무의 향기를 맞거나, 모닥불에 연기를 쪼이면 향기가 온몸에 배는 것처럼 부모의 행동이나 말씨를 아무른 비판 없이 있는 그대로 온몸으로 받아들이며 배우고 익혀 따라하는 시기다.

그래서 부모의 행동 하나하나, 말씨 한 마디 한 마디가 아이에게 더하기(+)형태로 학습되어 차곡차곡 내면적(內面的) 특성으로 축적되어 초기 인성모형으로 형성되어 언젠가는 밖으로 나올 준비를 하게 된다.

학문기(學問基)의 인성모형

11세부터 30세까지의 인성모형도 네모(□) 유형이다. 가정과 학교에서 부모와 선생님의 가르침을 통하여 새로운 가치관을 형성하며, 친구들과의 사회적 활동을 통하여 궁극적으로 자기 생각이 포함된 비판적 사고를 형성하는 시기라고 할 수 있다.

이 시기에 중요한 것은 새로운 학문(學文)에 대한 호기심과 관심을 갖게 되며, 질문(質問)을 통하여 자기 생각을 중심으로 역량을 극대화시키는 시기라고 할 수 있다. 이 시기의 욕구충족방법 역시 더하기(+)형태로 이루어지며, 단순 모방에서 자기 생각을 더하여 지식의 폭을 넓히고, 스스로 행동하며 홀로서기를 준비하는 단계라고 할 수 있다. 이 시기에는 다양한 경험을 통하여 인간관계의 폭을 넓혀가며 나와 다름을 이해하고 경청(傾聽)과 배려(配慮)의 인성행동을 통하여 내공을 쌓아가는 것이 중요하다. 이러한 과정을 통하여 홀로서기를 위해 철저히 준비하는 것이 필요하다.

실천기(實踐基)의 인성모형

실천기의 인성은 31세부터 60세까지가 실천기에 해당되며, 이 시기는 불혹(不惑), 지천명 (知天命), 이순(耳順)의 3단계로 나누어 인성 형성의 단계를 살펴보고자 한다.

이립(而立)의 시기인 30세부터의 삶은 그동안 쌓아온 지식을 바탕으로 실천을 통하여 성과와 부가가치를 창출하는 행동에 적극적으로 나서는 시기이다. 이 시기의 인성모형은 삼각형(△)형태의 유형이다.

욕구충족방법은 곱하기(×)형태로 이루어지며 새로운 가치와 성과창출을 통하여 있으나 마나 한 존재가 아니라 반드시 필요한 인재로서의 존재감을 나타낼 수 있어야 한다. 긍정적인 자세와 언행일치를 통한 신뢰성을 확보하고, 전문성을 기반으로 실천하는 행동으로 성과를 창출할 수 있어야 존재감을 나타낼 수 있다.

직장상사에게는 성과로 보답하고, 후배에게 본보기가 되는 역량을 꾸준히 쌓아야 한다. 마음속에 솟아나는 일에 대한 열정을 스스로 다스리며 성공적인 삶을 준비하기 위해 수평적 · 수직적 인간관계(人間關係)를 구축하는 것이 중요하다.

불혹(不惑)의 시기인 40세부터의 인성모형도는 삼각형(△▽)형태의 유형으로 바뀐다. 이 시기부터는 직업생활 전반을 통하여 가장 열정적으로 일할 수 있는 시기다. 자신만의 가치기준을 명확히 설정하고 선(善)과 악(惡)을 구분할 수 있는 판단기준을 설정하되 자기 자신의 범주를 넘어 조직과 사회, 국가, 인류까지 생각할 수 있는 안목을 가지는 것이 중요하다.

조직의 목표와 개인의 목표 사이에서 갈등을 경험하는 시기도 이 시기이다. 앞만 보고 나아가는 것보다 선배와 후배의 의견에 조언을 구하는 것도 좋은 방법이다. 흔히 직장생활 성공의 기준으로 믿을 수 있는 후배 세 명이 있다면 그는 직장생활에 성공한 것이라는 말도 있다. 부서나 팀의 장으로서 실천을 통하여 그동안 쌓아온 일과 삶의 지혜를 후배들에게 가르쳐 줄 수 있는 빼기(−)의 방법으로 삶의 가치를 더해 가는 것이 중요하다.

지천명(知天命)인 50세부터 이순(耳順)인 60세까지의 인성모형은 역삼각형(▽)형태의 유형이다.

50세를 흔히 지천명(知天命)의 나이라고 한다. 이제야 하늘의 뜻을 알아가는 나이라는 의미이다. 그동안 살아온 경험과 지혜를 통하여 형성된 습관으로부터 자신의 삶을 정리하는 시기이다. 그래서 더 많이 베풀고 더 많이 빼기(−)를 해야 한다. 특히 위를 바라보는 것보다 아래를 바라보며 힘들고 어려워하는 후배들에게 일과 삶에 대한 지혜를 아낌없이 주어야 한다. 자식들에게도 그동안의 경험을 눈높이에 맡게 나눠 주어야 한다. 완고한 아버지가 아니라 삶의 경륜이 묻어나는 인생의 선배로서 대화의 상대가 되는 어른으로 인정받는 것이 중요하다.

직장에서도 마찬가지다. 후배들의 사기를 높여 주고, 그들의 어려움을 해결해 주는 조언자로서의 역할이 무엇보다 중요하다. 그들의 일과 역할을 차지하는 것이 아니라, 그들에게 도움이 되는 조력자로서의 참된 어른(리더)이 되어야 하는 것이다.

계승기(繼承基)의 인성모형

회갑(回甲) 61세 이후의 인생모형은 동그라미(○)로 표현된다. 나이 60을 이순(耳順)이라 한다. 흔히 귀가 순해져서 어떠한 말을 들어도 다 이해하고 소화할 수 있는 나이라는 뜻이다. 회갑을 맞이하면 진정한 어른으로 대접받는 행동을 해야 하며, 사회적 · 윤리적 책임도 함께 져야 한다.

이 시기부터의 삶은 철저히 나누는 삶을 살아야 한다. 무엇인가를 채우는 삶이 아니라 가진 것을 나누며 비우는 삶을 살아야 한다. 더 이상 위로 올라가는 삶이 아니라 내려가는 여유 있는 삶을 살아야 한다. 그동안 쌓아온 덕(德)을 나누며, 본보기가 되는 삶을 사는 중요한 시기이다. 나누고 빈 공간에 지혜의 보고를 쌓아야 한다. 그래서 재학습(relearning)이 필요한 시기이기도 하다.

2막 인생을 통하여 체험한 것들을 정리하며 3막 인생을 시작해 보자. 일자리가 최고의 재테크라는 말도 실천하며 살아보자. 그래서 다시 배워야 한다. 익숙한 것으로부터 멀어지고, 새로운 것에 다가가는 호기심도 키워야 한다. 그래서 다시 공부해야 한다. 독수리 타법의 컴퓨터 자판에 너무 신경 쓰지 말자. 시대는 말로 모든 글을 입력하고 수정하는 시대로 바뀌었다. 이것이 4차 산업혁명의 출발이다.

4차 산업혁명은 이 시대를 살고 있는 모든 세대에게 동시에 주어진 과제다. 먼저 배운 사람도 별로 없다. 관심을 갖고 배워 보자. 전문적인 것은 우리보다 젊은 학자들이 다 만들어 줄 것이다. 우리는 그저 시대를 따라가며 배우고 익히면 된다. 3040 세대가 1시간 배우면 우리는 5시간 배우면 될 것이다. 다행히 신중년에게는 스스로 선택할 수 있는 시간은 많지 않은가? 한 가지 각오할 것은 귀찮다고 "이 나이에 이런 것을 배워야 하나"라는 자조적인 생각은 하지 말자.

인생 2막까지 살아오면서 많은 후회도 해보지 않았던가? 인생 4막에 가서 또다시 3막 인생을 후회하지 않기 위해서라도 깨어서 '배나섬(배우고 나누며 섬기는 삶)운동'을 하며 살아가야 할 것이다. 나이는 숫자에 불과하다는 말의 의미를 생각해 보자. 인생은 지금부터라고 큰 소리로 외쳐 보자. 신중년은 정말 소중한 구슬을 많이 가지고 있다. 내가 가진 구슬을 튼튼한 실에 꿰는 노력을 해야 한다.

60년간 동안 살아오면서 직접 체험하고 경험한 스토리를 나의 이야기로 만들어야 한다. 지금까지 다른 사람의 스토리에 감동받고, 가슴이 뛰었다면 이제부터 자신의 이야기에 삶의 의미를 부여해 보자. 그래서 글을 쓰고, 자서전도 써 보고, 강연도 하며 3막 인생의 삶을 활력 있게 살아보자.

4. 인생 3막은 퇴직과 함께

정년퇴직 이후 현재까지 정확히 6년 넘게 직업활동을 계속하고 있다. 지금의 직업은 인생 3막을 사는 셈이다. 정년퇴직이 10년 이상 남은 어느 날 문득 자신을 뒤돌아보는 계기가 있었다. 한국기술교육대학교 설립 초기부터 중요한 직무를 맡아 온 터라 직장에 대한 애착이 남달랐다. 대학 발전계획과 생존전략을 고민해 보지 않은 해가 없었다.

퇴직 후 24권의 수첩을 보면서 확인할 수 있었다. 정기국회가 시작되기 전 매년 6~8월 사이에는 어김없이 대학 정체성을 고민하며 국정감사 자료를 만들었다. 중장기계획을 수립하고, 비전 2010, 비전 2020, 비전 2030을 만들고, 대학 정체성과 대학의 존재 이유를 논리적으로 만들어야 했다. 매년 맞이하는 정기국회 국정감사, 감사원 감사, 교육부 대학평가, 언론기관 대학평가 등 단 한 해도 생략되는 해가 없었다.

2002년 월드컵 경기가 한창이던 때 '꿈은 이루어진다'라는 슬로건은 온 국민의 마음을 설레게 했다. 그때 한 가지 궁금증이 머리를 스쳐갔다.

월드컵 4강이 과연 나의 꿈일까?

대한민국 축구대표 팀이 월드컵 4강에 진출하는 것은 축구협회의 꿈이었고, 국가대표 선수들의 꿈이었을 것이다. 냉정하게 생각해 보니 우리나라 축구대표 팀이 월드컵 4강에 진출하면 순간의 기분은 좋아질 것이며, 국민으로서 자긍심은 높아질 것이다. 그것이 나의 삶이나 미래를 설계하는 꿈이라고는 말할 수 없을 것이라는 깨달음이 들었다.

그동안 대학의 정체성을 위해 10년이 넘게 대학발전계획과 비전을 수립하며 살아왔는데 과연 "나의 비전은 무엇이며, 나의 정체성은 무엇일까? 나는 누구이며, 어디서 와서, 왜 살며, 어디로 가고 있는가? 왜? 나 자신에 대한 장단기계획은 없는가? 직장이 나의 미래를 책임져 줄 수 있을까? 퇴직 후 연금으로 남은 삶을 유지할 수 있을까? 나에게 주어진 두 아이와 아내를 위한 가정경제는 튼튼한가?" 이런 것들에 대한 답을 스스로 찾기 시작했다.

나는 61세부터 80세까지의 삶을 제3막 인생으로 정했다. 그 이후는 제4막 인생으로 웰다잉(well dying)을 준비하는 삶이라고 스스로 정해 놓고 있다. 제4막 인생은 건강만 뒷받침된다면 연금으로 아내와 함께 생활할 수 있겠다는 생각이 들었다. 문제는 제3막 인생의 삶이다. 30년 전에 비하면 건강나이는 아직 45세 정도이니 20년의 기간이 결코 짧은 기간은 아니다. 미래를 준비하지 않은 것이 후회되기도 했다. 며칠을 고민한 후 한 가지 결론에 다가갈 수 있었다.

당시 75세가 넘으신 방송인 '송해' 선생님이 방송에서 한 말이 생각났다. "자신이 잘할 수 있는 일을 후배들과 나누며 살 수 있다면 그것이 가장 좋은 은퇴준비다." 그렇다, 퇴직 후에도 현직에서 하던 일을 계속할 수 있다면 가장 바람직한 선택이라는 판단이 섰다.

그동안의 직장생활을 뒤돌아보기로 했다. "내가 가장 잘할 수 있고, 가장 즐거워했던 일은 무엇이었는가? 그 일은 퇴직 후에도 계속할 수 있는 일인가? 사회적으로 가치 있고 보람된 일인가? 노력한 만큼 경제적 수입도 수반되는 일인가?" 이러한 가치기준을 두고 곰곰이 생각해 보기로 했다.

2002년 8월 중순에 강원도 설악산으로 여름휴가를 갔다. 아내와 함께 이런 저런 이야기를 하며 나의 장점과 강점을 찾아보기로 했다. 그때 발견한 것이 '취업컨설턴트'라는 직업이었다. 나는 학생들의 진로를 컨설팅하며, 취업지도를 위한 일에 스스로 자부심과 긍지를 느끼고 있었다. 당시는 생소한 분야이기도 했다.

마침 큰 아이가 전자공학과를 졸업하고 대기업에 입사했다. 자기소개서와 면접클리닉을 직접 해주며 자신감도 갖게 되었다. 재학생 취업지원을 위한 취업클리닉센터를 대학 내에 설치하자고 제안하여 초대 취업클리닉센터장을 맡았다. 우리나라 대학 최초로 취업지도 전담센터를 만든 셈이다.

직장생활 42년 6개월 중에 학생들 취업지도를 위한 취업컨설턴트로 일한 7년이 가장 보람 있는 시간이었다. 대학생 2,170명의 학사 데이터를 기반으로 '취업성과에 영향을 미치는 요인을 분석'한 박사학위논문은 최우수논문으로 선정되어 총장표창을 받기도 했다. 그동안 약 2,500명의 졸업생이 나의 지도를 받았다. 그들은 전원 100% 취업성과를 달성했다. 한국기술교육대학교가 14년 연속 취업률 1위라는 대학 브랜드를 지킬 수 있었던 것도 자랑스러웠다. 정년퇴직 10년을 앞두고 준비한 일들이 하나 둘씩 성과를 나타내기 시작했다.

2009년에 〈대학생활과 취업준비〉라는 취업지도 전문서적을 출판했다. 첫 해 1,000부가 배포되었다. 다음 해 재판도 1,000부가 배포되었다. 주위에서 취업지도전문가라는 평가와 함께 많은 대학에서 강의 요청이 있었다. 충남대, 부경대, 금오공대, 공주대, 해양대, 제주대, 창원대 등 전국의 40여 개 대학에서도 취업특강 요청이 있었다. 2012년 12월 퇴직을 앞둔 공로연수기간 중에도 대학강의는 계속 이어졌다. 2013년에는 제주대학교에서 1년간 외래 강사로 '취업과 직업생활'이라는 교과목을 강의했다.

2015년에는 〈NCS 기반의 커리어 개발과 취업전략〉이라는 대학교재를 집필했다. 그동안 대학강의를 하면서 교재가 없는 것이 안타까워 직접 집필하기로 한 것이다. 그동안의 강의 자료를 모아 초판으로 1,000부를 출판하여 다수의 대학에서 교재로 채택했다. 2016년에는 개정판으로 다시 1,000부를 출판하여 취업준비생들이 활용하고 있다. 그 후 2017년 8월까지 제주대학교, 백석대학교, 백석예술대학교, 한국기술교육대학교, 창원대학교에서 취업지도와 관련된 교과목 강의를 맡아 활동했으며, 2018년 6월에는 〈NCS 기반의 취업전략〉이라는 제목으로 새로운 책을 출판했다.

출판사의 요청으로 많은 내용이 수정되었다. 2019년 1월에는 출판사의 요청으로 〈NCS 기반의 취업 및 창업전략〉이라는 대학교재를 출간했다. 제1부 취업부분은 필자가 맡아 집필하고, 창업부분은 다른 교수님의 도움으로 공저로 출판했다. 이 또한 의미 있는 진전이다.

2015년에는 제자 4명과 '진취적인 교육협동조합'을 창립하여 진로취업분야 교육사업을 진행하고 있다. 2016년 8월부터 'NCS 진로취업컨설턴트'와 '하브루타 진로취업지도사' 민간자격증을 한국직업능력개발원으로부터 승인받아 운영하고 있다.

2017년 4월부터는 재직자 전직지원 교육과정을 개발하여, 고용노동부 직업훈련과정으로 승인받아 운영하고 있다. 이러한 교육과정은 앞으로 전국적으로 확산될 계획이다. 한편, 2017년 7월 중에 '직업훈련교사 자격과정'을 이수하고, '인사조직, 직업상담서비스, 경영기획, 평생직업교육' 등 4개 분야에서 직업훈련교사 자격증도 취득했다.

2017년 12월부터 평택에 있는 국제대학교에서 산학협력교수 초빙이 있어 이에 응모하여 당당히 교수로 활동하고 있다. 매 학기 NCS직업기초능력 교과목을 강의하고, 2018년에는 일자리위원회에서 '군경력의 사회경력 인정방안'이라는 연구과제를 수행한 바 있다.

2019년 12월이면 퇴직한 지 정확히 6년 6개월이 된다. 정년퇴직 10년 전에 준비한 제3막 인생이 별 무리 없이 추진되고 있어 보람을 느낀다.

이러한 삶이 80세까지 이어지고, 제4막 인생으로 이어지면 하나님이 나에게 주신 소명을 충실히 감당하는 셈이 되는 것이다. 그러고 보니 나에게는 퇴직은 있었지만, 은퇴는 아직 없는 셈이다.

5. 나에게 은퇴란?

은퇴(隱退)를 논하기 전에 '전직(轉職)과 퇴직(退職)'의 사전적 의미를 살펴보자. 전직(轉職)이란 "직업이나 직무를 바꾸어 옮긴다"라는 의미가 있다. 퇴직(退職)이란 "지금까지 일하던 주된 일자리(직)에서 물러나는 것"을 의미한다. 은퇴(隱退)란 "맡고 있던 직임(職任)에서 물러나거나 사회활동에서 손을 떼고 한가히 지내는 것"을 의미한다라고 정의하고 있다.

전직은 피할 수 없는 과정이다

직장인들의 이직과 전직 사례를 조사한 자료에 의하면 생애직업생활을 통하여 평균 5~7번 직장을 옮긴다고 한다. 필자의 경우에는 만 60세에 정년퇴직할 때까지 6번 직장이 바뀐 경험이 있다.

만 18세에 6개월 동안 첫 직업으로 선택한 것이 부산에서 여수까지 운행하는 우리나라 최초의 쾌속여객선(엔젤호)의 통신사였다. 고등학교를 졸업할 때 교감선생님께서 추천해 주신 일자리였다. 당시에는 고속도로가 없었고, 부산에서 여수까지 남해안을 잇는 주된 교통수단이 여객선이었다.

두 번째는 직장을 바꾼 전직이었다. 민간기업에서 공무원시험에 합격하여 국가공무원(관세청)이 된 것이다. 1971년 10월 군복무를 필하기 전에 입사하여 군 복무 34개월을 포함하여 6년간 관세청 공무원으로 근무했다.

세 번째도 국가공무원에서 공공기관으로 직장을 옮긴 전직이다. 지금 청년들이 선호하는 국가공무원(당시에도 선호도 3위 이내였음) 신분에서 공공기관 직원 신분으로 변경된 것이다. 한국기술검정공단 공채 1기 수석합격자로 입사하여 공공기관의 직원이 되었다.

사회적으로 평판이 좋았던 공무원 신분에서 공공기관의 준공무원 신분으로 직업을 바꾼 것은 두 가지 이유가 있었다. 가족들은 모두 반대했지만 전적으로 나의 의지에 따라 전직을 결정했다. 전직을 결정하게 된 이유 중 첫째는 적성에 맞지 않았고, 둘째는 고등학교 졸업에 그친 공부를 더 하고 싶었던 욕구가 있었기 때문이었다.

네 번째는 직무가 바뀌었다. 나의 의지와 무관하게 '한국기술검정공단'이 '한국직업훈련공단'으로 명칭과 역할이 변경되는 정부정책에 따라 그동안 해 오던 직업의 직무내용이 완전히 바뀐 경우였다.

다섯 번째도 직무가 바뀌었다. '한국직업훈련공단'이 '한국산업인력공단'으로 또다시 변경됨에 따라 그동안 익숙했던 직업 유형이 또다시 완전히 변경되었다.

마지막 여섯 번째는 직장도 바뀌고 직무도 완전히 다른 것으로 바뀌었다. 한국산업인력공단에서 한국기술교육대학교로 직장을 바꾸는 결단은 쉽지 않았다. 미래를 알 수 없었고, 나에게는 모든 것이 낯선 것이었다. 선배도 없고 따라 배울 수도 없었다. 새로 설립하는 대학이었으니 모든 것을 내 스스로 시도해 보았다. 일종의 창업과정이었다. 대학설립준비단 총무과장의 직무로 시작했다. 그러나 이 모든 결정은 전적으로 나의 선택에 따라 이루어졌다. 1989년 9월 21일~2013년 6월 30일까지 만 23년 9개월을 근무했다. 그러고 보니 만 60세에 정년퇴직할 때까지 여섯 번의 이직과 전직과정을 거쳤지만 42년 6개월 동안 단 하루도 공백기간 없이 직업생활을 한 셈이다.

퇴직 이후 시작된 진로취업강사로서의 프리랜서 생활은 새로운 창업의 기회를 열었다. 지인 세 명과 함께 (주)한국커리어개발협회컨설팅이라는 전직지원교육 전문회사는 설립 후 만 3년 만에 문을 닫고, 후배 네 명과 공동으로 '진취적인 교육협동조합'을 설립했다.

청소년 및 청년층의 '진로, 취업, 적성, 인성'교육을 실시하는 지식나눔 생산자 협동조합을 설립하여 4년째 운영하고 있다. 민간 자격증 두 개 'NCS 진로취업컨설턴트'와 '하브루타 진로취업지도사'를 개발하여 고용노동부 훈련과정으로 등록하여 운영 중에 있다.

천안을 시작으로 수원, 울산, 대구, 인천 등에서 교육과정이 진행되고 있다. 전문성을 바탕으로 개발된 교육과정이라 별 어려움 없이 잘 진행되고 있다. 이제 나에게는 전직과 퇴직을 거쳐 은퇴만 남아 있다. 마지막 남은 은퇴는 어느 누구로부터도 제약받지 않으며, 하나님이 주신 자유의지의 선물을 기반으로 내 삶을 주관하는 주님의 뜻에 따라 결정하는 은퇴과정만 남아 있다.

행복한 은퇴, 설레는 은퇴가 소망으로 다가오는 2018년 12월 31일 송구영신예배에서 내가 사랑하는 주님께 "남은 인생을 어떻게 사용하시기를 원하시는지?"라고 의미 있는 질문의 기도를 올렸다.

6. 설레는 은퇴, 두려운 은퇴

은퇴를 앞둔 베이비부머에게 '복음'과도 같은 60세 정년연장이 2016년부터 적용되었다. 정년연장으로 바뀌는 근로조건에 대한 의견이 노동계와 경영자 사이에 대립하고 있다. 경영계는 60세 정년 시행을 앞둔 3~5년 전부터 임금의 일정부분을 삭감하여 60세까지 지급하고, 60세 정년 시에는 기존임금의 60%를 지급해야 한다고 주장한다. 노동계는 이에 반발하며 60세까지는 정상임금을 지급해야 한다고 주장하고 있다.

저출산과 고령화사회로 생산가능인구는 해마다 줄어들고, 산업현장의 근로자는 고령화 추세가 확산되어 생산성이 떨어질 것이라는 우려도 현실화되고 있다. 일본의 경우 근로자 정년을 70세까지 연장을 추진하고 있다고 한다. 미국은 이미 정년을 폐지하였다. 독일의 경우 2029년까지 정년을 67세로 연장하는 법안을 통과시켜 2017년부터 단계적으로 적용하고 있다. 독일의 정년연장은 늘어나는 사회보장비용을 감당하기 위한 것이 핵심취지이지만, 우리나라의 경우는 50대 중장년층의 고용불안을 해결하는 데 초점이 맞춰져 있다. 정년이 60세로 연장됐지만 우리나라 신중년들은 70세까지 일하고 싶어 한다는 조사결과가 발표됐다. 노후준비가 그만큼 미진하기 때문이다.

교보생명과 노인전문기업인 '시니어파트너즈'가 공동으로 조사한 '대한민국 시니어 리포트 2014'에 따르면 은퇴를 희망하는 평균나이로 50대는 70세, 60대는 71세로 나타났다. 20~40대는 64세 이

전에 은퇴하기를 희망한 것과는 대조적인 결과이다. 그러나 현실과 기대와는 차이가 있었다.

언제쯤 퇴직할 것으로 예상하느냐는 질문에 50대는 63세, 60대는 64세로 은퇴 희망연령과는 7년의 차이가 있었다. 즉, 나이가 들어 갈수록 더 오랫동안 일하고 싶어 하지만 현실적으로는 더 일찍 일을 그만둬야 한다는 것이다. 젊은 시절에는 빨리 일에서 벗어나 은퇴생활을 즐기고 싶어 하지만 나이가 들수록 더 오랫동안 일을 하고 싶어 한다. 일을 더 하고 싶어 하는 이유는 자아성취가 26.2%, 경제적 문제가 72.8%를 차지했다.

'인생 100세 시대' 70세까지 일해야 한다

문제는 70세까지 일하려면 직장을 옮기는 수준이 아니라 직종 자체를 몇 번 바꿔야 할지 모른다. 은퇴를 앞둔 50대 중후반에 접어들면 전직의 기회가 제한되어 있다. 전직이 가능하다 해도 종전에 했던 업무이거나 비교적 단순한 업무이다. 새로운 기술을 익히기가 쉽지 않기 때문이다. 간단한 기술이야 배울 수 있지만 장기간 동안 전문성이 필요한 교육을 받기에는 시간과 비용이 만만치 않다.

그래서 '100세 시대'에는 직업 선택을 더욱 신중하게 해야 한다. 지금 대학을 졸업하고 막 사회에 진출하려는 새내기뿐 아니라 이미 직업세계에 몸담고 있는 30~40대도 더 많은 고민을 해야 한다.

30~40대가 은퇴하는 20~30년 후에는 직업세계가 어떻게 바뀔 것인가? 〈유엔 미래보고서 2040〉(박영숙 외, 교보문고)이라는 책에는 '2030년에 사라지는 10가지'라는 매우 흥미로운 예측이 소개

되어 있다. 세계미래회의는 2030년까지 전기를 쓰는 무인자동차가 보편화되면서 주유소가 없어지고, 버스 · 트럭 · 택시운전사와 교통경찰이라는 직업이 사라질 것으로 예측했다.

세계미래회의(1966년 설립)에서 2030년에 사라질 10가지를 발표했다. 사라지는 것을 눈여겨봐야 하는 이유는 그것이 단지 사라지기만 하는 것이 아니라 다른 것으로 대체되거나 전혀 새로운 것을 낳기 때문이다.

이것은 '100세 시대'에 70세까지 일해야 하는 우리에게 위협이 되기도 하지만 기회가 될 수도 있다. 2030년까지 사라질 것으로 예측된 10가지를 간단히 소개하면 EU(유럽연합), 공교육과 교실(교사), 제조업과 수많은 직장, 3천 개의 언어와 문화, 의사와 병원진료(수술), 종이(도서관, 잡지, 신문), 익명성과 기다림, 컴퓨터와 도로표지판(운전수), 절도와 배심원(재판관), 마케팅 등 현재의 판매행태 등이다.

이 중에서 교육과 관련된 분야를 좀 더 자세히 살펴보고자 한다. 우리나라에서 현재는 교사, 특히 미혼 여교사가 높은 인기를 끌고 있다. 그러나 이 보고서에 따르면 그 기간은 길지 않을 것 같다.

공립학교가 사라지고 교육의 집체형 모델이 교체되며 완전히 새로운 평가시스템이 등장할 것이라는 예측이다. 나이별로 같은 학급에서 교육을 받는 현재의 집합형 교실은 기술변혁시대에 서서히 또는 갑자기 소멸할 것으로 예측됐다. 특히 국가가 공공서비스에 필요한 수익을 창출하는 데(세수 확보) 계속 실패하면서 고령화나 의료비용 사회보장제도의 비용증가로 교육지원이 거의 불가능해 공교육이 사라진다는 시나리오다. 이를 대체해 원거리 온라인 교육모델이 급속히 보급되고 미래에는 각 학생의 교육경험이 진정으로 개별화, 개인화될 것이다.

2030년이 되면 모든 전통적인 교실수업의 90%는 개방형 온라인 무료교육으로 바뀐다. 따라서 교사의 역할은 지식을 가르치는 사람이 아닌 학생의 조력자, 인성교육담당, 진로컨설턴트로 바뀌게 될 것이다.

일자리의 변화

2030년까지는 지구상에서 20억 개의 일자리가 사라진다고 한다(미래학자 토머스 프레이). 이때까지 현존하는 일자리의 80%가 소멸되거나 변환한다는 보고서도 있다.

맥킨지의 글로벌연구소는 종래의 기술을 완전히 소멸시킬 신기술 12가지에 주목해야 한다고 밝혔다. 사물인터넷(IoT), 클라우드, 첨단 로봇, 무인자동차, 차세대 유전자지도, 3D프린터, 석유 및 가스탐사 신기술, 신재생 에너지 등이다.

무인자동차는 버스, 트럭, 택시 등 수많은 운전자의 직업을 소멸시킨다. 대부분 전기자동차로 충돌제어시스템을 갖추게 되면 교통경찰, 주차장, 주유소, 교통체증 등이 사라진다. 수많은 카센터의 운명도 풍전등화 처지가 된다.

제조업의 쇠락

3D프린터가 더욱 보급되고 발전하면 제조업이 점차 소멸되며 수출입 관련한 운송 등의 일자리도 거의 대부분 소멸하게 된다. 제조업은 3D프린터뿐 아니라 로봇에 의해서도 일자리의 위협을 받게 되는데 단순작업은 이미 로봇으로 대체되고 있으며, 교육, 요양, 의료분야까지 확대되고 있다. 3D프린터의 발전은 경이롭다.

언어장벽의 해소

언어와 관련해서도 2020년대 중반에는 음성인식기기, 통번역 및 음성합성기술 등이 소멸하고 실시간 모바일언어 통번역기술이 거의 무료로 제공될 것으로 보인다. 2030년에는 이 기술의 세계시장 보급률이 80%를 넘어서 세계인구는 언어장벽 없이 사회적으로 연결된 시대에 살게 되면서 대부분 똑같은 생각이나 문화를 접하게 될 것이다.

언론매체의 변화

신문의 소멸 역시 이미 예측되었다. 2017년 미국과 영국의 신문 소멸을 시작으로 호주, 아시아, 아프리카 등지에서 2040년까지 전 세계의 종이신문이 소멸할 것으로 전망됐다. 전자신문과 인터넷 등이 종이신문을 대체하게 될 것이다.

또 2050년에는 현존하는 방송이 사라지고 수백만 개의 개인방송과 개인 언론인이 대체하며, 그 결과 지식재산권이 사라져 모든 정보는 거의 무료화될 것이다. 잡지도 신문과 같은 길을 걷겠지만 책은 전자매체로 도저히 살릴 수 없는 책 고유의 장점이 있기 때문에 생존할 것으로 예측된다.

그러나 다른 무료 온라인 정보와 경쟁해야 하기 때문에 가격이 대폭 낮아질 것으로 보인다. 모든 사물이 인터넷으로 연결되는 사물인터넷으로 인해 2030년에는 모든 사물에 스마트센서가 부착되어 절도가 불가능해진다.

일상생활의 변화

기술의 발달로 범죄의 검증이 매우 정확해지면서 재판관들이 법적으로 개입하거나 판단할 필요조차 사라진다. 슈퍼컴퓨터가 지구상의 모든 판례를 입력하면 다양한 재판에서 컴퓨터가 각종 사례를 분석해 정확하고 편견 없는 판결을 내릴 것으로 예측된다. 현재 혁신적인 마케팅 채널로 각광받는 온라인 쇼핑몰이 더욱 발전하면 상품의 직접 비교까지 가능해질 것이다. 증강현실의 발달은 데모 숍(demo shop)조차 집 안으로 들여놓을 것이다.

한편, 맥킨지연구소는 인터넷산업이 급속도로 발전하면서 지난 5년간 GDP 성장의 21%를 차지했다고 밝혔다. 이 연구에서 중소기업들 4,800개를 조사한 결과 기술발전으로 일자리 1개가 소멸될 때마다 인터넷 일자리 2.6개가 새로 만들어진 것으로 나타났다. 인터넷산업이 일자리창출의 근원이 되고 있음은 부인할 수 없는 현실이다.

즉, 미래의 일자리는 육체적 노동은 자동화시키는 대신 인터넷이나 소프트웨어와 관련된 일자리로 옮겨 간다. 2030년에 사라질 직업에 대한 예측이 베이비부머들에게는 무관한 이야기이겠으나 이제 사회진출을 준비해야 하는 그들 자녀의 진로선택에는 많은 참고가 될 것이다.

두려운 은퇴를 설레는 은퇴로 바꿀 수 있는 신중년의 재교육(relearning)이 절실히 필요하다.

7. 변화의 물결을 타라

인간에게서 변화란 삶 그 자체를 의미한다. 많은 사람들이 변화를 두려워하지만 변화는 삶을 즐겁게 해주기도 한다. 끝없는 배움을 향해 도전하는 마음의 변화, 습관과 환경의 변화, 새로운 사람들과 함께 어울리는 일 모두 부담스러운 변화이다.

변화란 낡고 오래된 고정관념 속에 안주하는 것이 아니라, 있는 것에 다른 것을 더하여 새로운 것을 만들기 위해 더 낳은 방법을 선택하고 찾는 일이다. 변화는 세상에 없는 새로운 것을 만들어 내는 것이 아니라 더 나은 것, 더 효율적인 것을 만들어 내는 것이다. 습관적으로 해 오던 일을 되풀이하는 것은 쉬운 일이다. 새로운 길을 찾아 도전하는 것은 생소하지만 재미있는 일이다.

존 F. 케네디 대통령은 "변화는 삶의 법칙이며, 과거나 현재만 바라보는 사람은 미래를 놓치게 되며, 변화는 구태 의연한 틀 속에 안주하는 것이 아니라 새로운 길에 놓인 기회를 찾고 몰두하는 것"이라고 말했다.

사람들은 누구에게나 어린 시절에 품었던 '꿈'이 있었다. 어릴 때의 꿈이 학년을 거치면서 "대학에 진학하고 좋은 직장에 취업하는 것"으로 마무리되는 경우가 대부분이다. 우리나라 대학 1학년생 중 54%가 대학생활을 통하여 이루고자 하는 꿈이나 목표가 없고, 대학 4학년에 재학 중인 학생의 32.4%가 대학생활 이후에 무엇을 할 것인가에 대한 구체적인 목표가 없다고 한다.

– 최일수, 〈NCS 기반의 취업전략〉, 2018.

왜 우리 아이들은 꿈이 없을까?

가장 근본적인 요인은 부모인 나에게 꿈이 없었기 때문이다. 꿈에 대해 공부해 보지 못했기 때문이다. 그래서 아이들에게 나의 꿈을 보여 주지 못했다. 지금부터라도 인생 3막 이후의 꿈을 만들어 보자. 그리고 가족들과 나눠 보자. 자녀 뒷바라지를 위해 내 삶을 포기한 신중년, 그들이 안고 있는 삶의 무게는 어떠한가?

정년을 앞두고 있지만 아직 많은 숙제들이 남아 있다. 정년 이후 다가오는 인생 3막을 어떻게 헤쳐 나갈 것인가를 생각하면 잠이 오지 않는다. 80을 훌쩍 넘기신 부모님부양은 또 누구의 짐으로 남아 있는가? 대학에 진학만 하면 다행이라는 자녀양육과 그들의 삶을 지원해야 하는 일은 의무인가, 선택인가? 이모든 과제가 동시에 다가오고 있다.

모든 행동은 '자율과 책임'이 따른다

직장생활을 마감해야 하는 인생 3막이 나에게만 다가오는 과정도 아니다. 치열한 경쟁을 뚫고 살아온 2막 인생을 매듭짓는 과정도 잠깐이다. 나에게 다가온 커다란 변화에 빨리 적응해야 한다. 지금까지 가졌던 꿈의 보따리를 다시 펼쳐야 한다. 직장생활이 '꿈'이었다면 이제 꿈 넘어 새로운 꿈을 찾아야 한다. 그동안 꿈을 이루었다고 숙명으로 받아들여야 한다. 피할 수 없으니 즐겨야 한다는 말일 수도 있다. 새로운 꿈을 만들고 가꾸어 갈 준비를 해야 한다. 꿈은 콩나물 같아 매일매일 물을 주지 않으면 시들어 버린다.

4차 산업혁명에 대비한다

4차 산업혁명도 그냥 지나가지 않는다. 이것도 겪어야 할 운명으로 다가온다. 환경이 변하니 생각도 바꿔야 한다. 변화의 흐름은 우리의 상상을 초월할 정도로 빠르다. 1960년 우리나라 100대 기업 중 50년이 지난 2010년에 살아남은 기업은 8개에 불과했다. 92%의 기업이 사라졌다. 2030년에는 현존하는 직업의 80%가 없어지거나 바뀔 것이라고 한다.

올해 7세의 어린이는 60% 이상이 현존하지 않는 직업을 갖게 될 것이다. 인공지능(AI: Artificial Intelligence)이 인간의 일자리를 대부분 대신하게 될 것이다. 먼 미래의 일이 아니라 앞으로 10년 내에 다가올 현상이다.

기업의 인재상이 바뀌고 채용방식도 변하고 선발기준도 변한다. 그 중심에 국가직무표준(NCS)이 있다. 기업이 원하는 인재의 유형도 바뀌고 있다. 공부 잘하고 말 잘 듣고 모든 분야에서 '많이 아는(to know)' 인재보다 어떤 분야에 몰두하며 '생각하고 상상(to think & imagine)'하며 그 일에 몰두할 수 있는 창의적이고 도전적인 인재를 원한다.

지금까지 해오던 공부방법으로는 이런 인재가 될 수 없다. '잘 듣고, 외우고 시험 보고 잊어버리는 공부방법'은 더 이상 역량을 보장해 주지 못한다. 문제도 스스로 설정해야 하고, 해답도 스스로 찾아야 한다. 절대적인 정답은 존재하지 않는다. 그것은 누구나 다 알고 있기 때문이다.

변화에 적응하지 못하면 미래는 없다

전 세계 휴대폰시장 점유율 1위였던 핀란드의 노키아(Nokia)는 스마트폰의 기술과 환경변화에 적응하지 못해서 결국 휴대폰사업부를 매각해야 했다.

과거는 이미 지난 것이다. 과거에 나를 묶어 둘 수는 없는 것 아닌가? 인생 3막을 준비하는 신중년에게도 변화는 선택이 아니라 필수이다. 학력보다 능력이 중시되는 사회, 변화의 시대에 변화의 주체가 되어야 한다. 나에게 다가오는 변화를 성공의 기회(chance)로 삼아 신념으로 선택(choice)하고 미래에 도전(challenge)하여 자신을 새롭게 변화(change)시켜 '비상(飛上)하는 독수리'와 같이 꿈을 향해 날아 보자.

신중년에게는 청년층이 쉽게 가지지 못할 직무수행경험과 풍부한 삶의 지혜가 있다. 이는 청년층이 가장 갖고 싶어 하는 것들이기도 하다. "경험은 값을 치를 수 없는 보물이다"라는 윌리엄 셰익스피어의 말을 음미해 볼 필요가 있다. 이러한 보물을 튼튼한 피아노줄에 꿰는 준비는 자신의 몫이다. 미래는 준비하는 자의 몫이기 때문이다.

8. 변화와 전환, 반드시 가야 할 길

신중년의 시기는 변화(change)와 전환(transition)이 많은 시기다. 이 말의 정확한 개념을 이해할 필요가 있다. “변화는 어떤 사건을 통해 사물의 성질, 모양, 상태 따위가 바뀌어 달라지는 상태이다. 전환은 기존의 현상이 어떤 계기로 인해 방향이나 상태가 바뀌는 과정”이라고 정의한다.

인생에서의 큰 변화는 우리의 외부 세상을 바꾸지만 연쇄적으로 내부의 반응을 일으키기도 한다. 전환은 크게 변화된 삶에 적응하려는 우리의 마음상태를 일컫기도 한다. 실직이나 이직, 퇴직 같은 일이 자신의 현실적 삶에 얼마나 큰 변화를 주는지는 알지만, 새로운 존재인 자신을 받아들이는 데 필요한 심리적 변화에는 무지한 편이다.

신중년이 삶을 통하여 큰 변화를 겪을 때 우리는 심리적으로 엄청난 스트레스를 받는다. 인생의 전환기를 맞이하면 새로운 외부 상황에 억지로 적응해야 할 뿐 아니라 자신의 정체성도 그에 맞춰 바꿔야 하기 때문이다. 이를테면 배우자를 잃는 것은 순간적인 일이지만, 배우자의 죽음을 받아들이는 과정은 순간적이지 않다. 그 과정에서 우리는 슬픔을 경험하고, 외로움에 적응하며, 다시 혼자 살아가고, 새로운 인생을 재창조해야 한다.

신중년이 겪는 큰 변화는 출생과 마찬가지로 충격적인 일이다. 이러한 변화를 우리가 의식한 생태에서 겪는다다는 게 다를 뿐이다.

인생의 전환기에 대해 많이 알수록 우리는 인생에서 겪는 큰 변화에 심리적으로 더 잘 적응할 수 있다. 새로운 일이 하루의 성공을 이끌고 겨울은 봄에 자리를 내주며, 새해는 묵은해를 대신한다. 하지만 여기에는 대립이 없다. 그저 연속될 뿐이다. 따라서 변화가 계속되는 한 우리의 삶은 성공적이라 말할 수 있다.

신중년이 맞이하는 변화와 전환은 자녀가 있든 없든 결혼을 했든 안 했든 인생의 변화를 피할 수 있는 사람은 없다. 이때 신중년은 전환에 적응해야 한다.

사랑하는 사람의 죽음을 겪고, 건강에 심각한 문제가 생기고, 직장을 잃기도 하고, 천재(天災)나 인재(人災) 혹은 기술혁명 같은 패러다임의 전환 등으로 인생의 모든 풍파를 겪게 된다. 부모님은 연세가 들면서 더욱 의존적으로 변한다. 부모님이 영원히 우리와 함께 할 수 없다는 현실을 받아들여야 한다. 중환자실에 입원해 있는 어머님을 상상해 보자. 그 시간 동안에 어떠한 자식이라도 하루 한두 번 정해진 면회시간에 물끄러미 바라보는 일 외에는 할 수 있는 일이라고는 아무것도 없다. 모든 것을 의사에게 맡기고 시간과 싸우며, 그동안 효도하지 못한 일들에 잠시 후회하는 뉘우침을 갖는 것뿐이다.

부모님이 돌아가시면 우리가 가족 중 고령자가 된다. 나이 들어 언제 세상을 떠날지 알 수는 없는 상황이 된다. 세상을 떠난다는 말은 또 다른 영역으로 전환하는 것을 의미한다. 죽음은 끝이며 최후라는 의미로 느껴진다. 두 단어는 물리적으로 큰 차이가 없지만 심리적으로 큰 차이가 있다.

올해 62세인 K씨는 금융기관에서 오랫동안 일하다 은퇴 압력을 받고 명예퇴직했다. 그에게 은퇴한 뒤의 삶에서 돈은 큰 문제가 아니다. 명퇴금과 연금으로 넉넉하게 살아갈 수 있기 때문이다. 직장생활이 끝난 지금 그에게 가장 큰 문제는 "이제 무엇을 해야 하는가"이다.

은퇴라는 외적인 변화가 내적인 변화로 이어진다. 정체성이 바뀌고 오랫동안 익숙하게 지내온 일상이 바뀐다. 금융기관에서 일하는 동안 그는 경제학자였다. 하지만 그곳을 떠난 다음 자신이 어떤 사람인지, 무엇을 할 수 있는지 몰랐다. 그는 스스로 전혀 다른 인생을 만들어 가야 했지만, 그렇게 하기도 전에 인생의 큰 전환에 따르는 감정적인 문제에 직면했다.

일에 헌신적인 사람들, 너무 바빠서 은퇴를 준비하지 못한 채 살아온 사람들에게 은퇴를 받아들이는 일은 큰 스트레스다. 이를 극복할 수 있는 새로운 도전을 받아들이고 새롭게 펼쳐지는 긴 인생 3막을 준비해야 한다.

4차 산업혁명은 우리 삶 속에서 모든 것을 바꿀 것이다. 이 변화를 받아들이는 사람과 변화를 거부하는 사람 간에 격차가 발생할 것이다. 빠르게 다가오는 4차 산업혁명을 경고하는 클라우스 슈밥(Klaus Schwab)은 "4차 산업혁명은 우리에게 위기인가, 기회인가?"라는 질문을 던지고 이와 함께 4차 산업혁명시대를 기회로 만들기 위한 우선 과제는 무엇인가? 4차 산업혁명시대, 위기를 기회로 맞이하는 생존법전략은 무엇인가에 대한 의견을 제시하고 있다.

과거 증기기관(1차 산업혁명)이나 조립 · 대량생산(2차), 정보기술(IT, 3차)이 인류의 생산성을 매번 큰 폭으로 확대한 뒤 재분배 실패라는 '거대한 그늘'을 드리웠듯 4차 산업혁명 역시 비슷한 양상을 띨 것이라고 예상한다.

IBM과 구글, 마이크로소프트(MS) 등 AI 선도기업을 다수 보유한 미국과 이제 막 제조업 기반 인프라를 닦은 제3세계 국가 간 빈부격차가 지금보다 심화할 가능성이 크다. IoT는 인터넷 제어를 통해 자원을 효율적으로 활용할 수 있지만 네트워크기술 등을 선점한 '선진국 대기업' 중심으로 세계시장이 형성되고 있다.

신산업분야의 제품 · 서비스는 가격이 높을 수밖에 없어 저소득계층은 소외될 것이라는 지적이 나오기도 한다. 김진형 소프트웨어정책연구소장은 "AI가 인간을 직접 위협할 단계는 아직 멀었다. 지금은 AI를 얼마나 인간에 이로운 존재로 만드느냐가 중요한 시점"이라며 "AI의 생산물을 어떤 식으로 분배해야 할지, 분배가 실패했을 때에 대비한 사회안전망은 어떻게 세워야 하는지, 이때 발생하는 양극화는 어떻게 극복할 것인지 등을 미리 고민하는 데 노력을 기울여야 한다"고 강조했다.

특히 AI가 만들어 내는 지적 생산물의 경우 재산권의 인정문제가 불거질 수 있고, 빅데이터분석이 필수인 만큼 AI에 입력된 데이터 비율별로 재분배를 해야 한다는 주장 역시 가능하다. 따라서 분배 방안을 촘촘히 마련해야 한다.

양극화 다음으로는 대량 실업과 인간의 효용가치 하락 등이 지적됐다. 4차 산업혁명 관련 기술이 결국 인간의 노동력을 대체하는 자동화를 지향하는 만큼 여러 직업이 사라질 것이 우려된다.

2016년 3월 발간된 〈로봇의 부상〉이라는 책에서 저자인 마틴 포드는 "AI는 어떤 분야든 반복적으로 예측가능한 요소가 있는 직업이라면 대체할 수 있다"고 분석했다. 의사나 법률가 등 전문직 역시 안전하지 않다는 전망도 나온다. 하지만 과학자들은 그럼에도 4차 산업혁명은 '결국 가야 할 길'이라고 전망한다.

4차 산업혁명을 위해 "사회 및 인류의 인식 전환이 필수적이다." 다소 문제는 있을지 모르지만 결국 가야 할 길이다. 3막 인생을 준비하는 신중년도 4차 산업혁명이 선도하는 길로 나아갈 준비를 해야 한다. 그들이 가지고 있는 시간이라는 자원을 4차 산업혁명시대를 배우는 학습과정에 투자하는 것이 최선의 선택이라 생각된다. 4차 산업혁명의 길은 신중년도 피할 수 없는 반드시 가야 할 길이기 때문이다.

Ⅲ

신중년과 일자리

1. 일자리의 의미
2. 직업은 포장지고 일은 선물이다
3. 구직난인가 구인난인가
4. 신중년과 나잇살
5. 신중년의 취업난
6. 청년 일자리 대 신중년 일자리
7. 마지막 허들 '4차 산업혁명'

1. 일자리의 의미

문재인 정부가 들어서면서 일자리창출을 국정의 최우선 과제로 선정하고, 청와대에 일자리 상황판을 설치하고 대통령이 직접 일자리를 챙기겠다고 발표하기도 했다. 집권 3년을 맞은 현시점에도 청년실업과 베이비부머 실업으로 일자리에 대한 논쟁은 끊이지 않는다. 청년실업의 원인으로 일자리가 수요에 비해 공급이 부족하다는 주장도 한다. 한편에서는 청년층실업은 좋은 일자리가 부족하기 때문이라고 한다.

2019년 4월 말 기준 실업자 124만 명 청년실업률 11.5%로 사상 최고치를 기록하고 있다. 청년실업을 해소하기 위해 좋은 일자리를 많이 만들어야 한다고도 했다. 이를 위해 정부와 공공기관에서 80만 개의 일자리를 만들겠다고 발표했다. 비정규직을 없애고 모두 정규직으로 전환하여 좋은 일자리를 만든다고 한다.

일자리에 관해 다음과 같은 질문을 해보자.

- 좋은 일자리는 어떤 일자리인가?
- 좋은 일자리가 있다면 나쁜 일자리도 있다는 것인가?
- 정부와 공공기관의 일자리는 다 좋은 일자리인가?
- 중소기업의 일자리는 다 나쁜 일자리인가?
- 일자리는 어떤 의미를 가지고 있는가?

일자리의 세 가지 '자리'의 의미!

첫째, 나에게 어울리는 '제자리'이다. 나에게 어울리는 '제자리'에서 직업활동을 할 때 나의 존재 이유와 가치를 드러내는 일자리가 되는 것이다. 일자리는 무조건 모든 사람들이 좋아하는 '윗자리'가 아니다. 나에게 어울리는 일이 중요하지 남에게 보여 주기 위한 자리가 중요한 것은 아니다. 부단한 경험과 체험을 통해 공부하는 학력(學歷)과 역량(力量)에 따라 나에게 어울리는 일자리의 정도(程度)가 달라진다.

둘째, 나에게 어울리는 '설 자리'이다. 내가 마땅히 있어야 될 자리는 일자리를 통해 내가 지켜야 될 설 자리다. 처음부터 '명당자리' 일자리는 없다. 다양한 일을 체험해 보고 일과 관련된 공부를 병행하면서 나의 존재를 끊임없이 드러내는 자리가 바로 내가 '설 자리'이다.

마지막으로 내가 살아가야 할 '살 자리'이다. 즉, 내가 살아가는 자리다. 일자리는 저절로 보금자리가 되지 않는다. 주어진 삶을 살아가면서 내가 살아가는 이유를 드러내는 일자리가 바로 '살 자리'이다.

이와 같이 '제자리'에 서서 살아갈 때 제자리가 '설 자리'가 되고 이는 다시 '살 자리'로 다가오게 되는 것이다. 따라서 좋은 일자리와 나쁜 일자리를 인위적으로 구별하는 것은 바람직하지 않다.

"모두 병들었는데 아무도 아프지 않았다." 이성복의 시집 〈뒹구는 돌은 언제 잠 깨는가〉에 실린 '그날'의 마지막 구절이다. 이것을 '일'에 대입해 보면 "괜찮은 일자리가 있는데 그 누구도 선뜻 알아보지 못한다." 일자리는 항상 우리 곁에 존재한다. 그러나 일자리의 미래 가치를 알아차리기는 쉽지 않다.

"관심을 가지면 보일 것이나 편견을 가지면 보이지 않을 것이다." 자신을 잘 알지도 못하면서 늘 잘 안다고 생각하는 믿음이 문제다. 기업을 잘 알지도 못하면서 잘못된 편견을 가지고 있는 것도 문제다. 대기업은 항상 좋은 일자리고, 공기업과 공무원은 신이 준비한 일자리고, 중소기업은 가서는 안 되는 일자리쯤 된다는 잘못된 편견이 더 큰 문제다. 그러한 편견이 구직자들로 하여금 일자리를 알려고 하는 의지는 물론 관심까지 앗아 간 것이다.

"알면 사랑한다는 입장보다 사랑하면 알게 될 것이다"라는 말이 더 고상하게 들린다. 사람이든 사물이든 사랑하기 시작하면 이전과 다른 관심과 애정이 생기고 '앎'에 대한 의지가 높아지기 시작하기 때문이다. '일자리'도 마찬가지다. 나를 사랑하고 '일'을 사랑하기 시작하면 '일자리'가 보이기 시작할 것이다.

'일자리'는 내가 선택한 업(業)으로 다가온다. 업(業)은 직장(職場)이라는 울타리 속에 갇혀 있어서 쉽게 보이지 않는다. 혹시 '자리'만 보고 '일'을 보지 못할 수도 있다. 중요한 것은 '자리보다 일'을 먼저 보는 지혜가 필요하다. 그 일을 하는 데 필요한 역량은 무엇이며, 왜 내가 그 일을 할 수 있는 적임자인가를 분명히 말할 수 있어야 한다. 관심을 가지고 찾아보고 조사하지 않으면 발견하기도 쉽지 않다.

"분석하지 않으면 글감을 찾을 수 없고, 조사하지 않으면 말감을 찾을 수 없다." 좋은 대학을 졸업했다고 신입사원의 일자리가 그냥 주어지지 않는다. 대기업에 근무했다고 재취업 일자리가 기다리고 있는 것도 아니다. 구인자와 구직자 간의 일자리 궁합이 맞아야 취업성과를 달성할 수 있을 것이다.

2. 직업은 포장지고 일은 선물이다

학생들에게 "무슨 직업을 알고 있어요?"라고 물으면 의사, 소방관, 경찰, 변호사, 군인, 간호사, 선생님 등등 여러 가지 직업을 대답한다. 이렇게 해서 나오는 직업의 수는 30명 한 반에 대략 80개에서 100여 개 정도이다.

선생님은 무슨 일을 하는 직업인가라는 질문에는 '학생들을 가르치는 일'이라고 대답한다. 맞는 말이다. 선생님은 학교에서 학생을 가르치는 일을 한다. 어린이집 보육교사, 유치원 교사, 초등학교 · 중학교 · 고등학교 교사, 학원강사, 대학교수도 선생님이다. 기업연수원 강사도 선생님 범주에 속한다. 어린이집 보육교사와 유치원 교사가 하는 역할이 다르며, 초등학교 교사와 고등학교 교사가 가르치는 내용도 다르다. 대학교수와 기업강사는 이들과 더욱 다르다. 각급 학교의 선생님이 되기 위해 사전에 배워야 하는 내용과 갖춰야 할 역량이 다르다.

'불을 끄는 일'은 소방관이 하는 일 중의 일부분이다. 그들은 훨씬 다양한 일을 한다. 담당분야에 따라 화재진압요원, 구급요원, 구조요원, 운전요원으로 나눌 수 있다. 업무에 따라 화재예방활동, 화재진압활동, 구조 · 구급활동으로 구분된다.

화재예방활동은 학교, 병원, 시장 등의 건축물에 설치되어 있는 소방시설의 안전을 점검하거나 건물 주위를 순찰하며 위험요소를 발견하고 위험을 예방하는 일을 한다. 다양한 계층을 대상으로 각종 소방교육을 시키기도 한다.

화재진압활동은 화재발생 시 화재진압 일을 주업무로 하고 평상시에는 소방용수시설을 관리하여 효과적으로 소화용수가 공급될 수 있게 하고, 소방훈련을 통해 실제 상황에 대비한다.

구조 · 구급활동은 교통사고, 건물붕괴 등의 사고발생 시 인명구조활동, 위급한 환자의 병원이송활동, 피해복구활동 등을 한다. 이 외에도 장마철 각종 급류사고 등에서 주민을 구출하거나 폭설 시 소방차를 이용한 제설작업도 수행한다. 이러한 일들을 잘 해내려면 관련 지식을 배워야 하고, 끊임없이 노력하여 두려움을 무릅쓸 용기가 있어야 한다. 이것이 소방관이라는 직업인이 하는 일들이고 갖춰야 할 태도이다.

따라서 진로지도를 할 때는 직업이 어떤 일들로 구성되어 있는지 가르치며 스스로 탐색해 보도록 지도해야 한다. 그렇지 않으면 어렵게 직업을 얻었는데 내가 싫어하는 일을 하는 부서로 배치되면서 직업을 그만두게 될 수도 있기 때문이다.

2017년 말 기준 우리나라에는 약 12,700개의 직업이 있다. 이러한 직업은 각각 다양한 직무(일)로 구성되어 있지만 모든 직업이 어떤 일을 하는지에 대하여 자세히 분석되어 있지 않다. 하지만 분명한 것은 직업은 다양한 일들의 조합으로 구성되어 있다는 것이다. 세상에 얼마나 많은 일들이 있는지를 연구한 자료는 아직 보지 못했다. 하지만 미국의 심리학자 프레디저(D. J. Prediger)는 일의 유형을 "사람과 관련된 일, 사물과 관련된 일, 데이터와 관련된 일, 아이디어와 관련된 일"로 구분하고 다음과 같이 정리했다.

일의 유형 52가지

사람과 관련된 일	상담하기, 고객응대하기, 사람 격려하기, 통솔하기, 조화롭게 만들기, 협상하기, 코칭하기, 교육하기, 교제하기, 조언하기, 공동으로 작업하기, 판매하기, 중재하기 등(13가지)
사물과 관련된 일	물건 이동하기, 구매하기, 현장관리하기, 건설하기, 운송하기, 도구이용하기, 육성하기, 유지보수하기, 작동하기, 조립하기, 점검하기, 고장수리하기, 수집하기 등(13가지)
데이터와 관련된 일	조사하기, 분류하기, 편집하기, 연구하기, 분석하기, 검토하기, 요약하기, 기록하기, 단서 수집하기, 판독하기, 예산책정하기, 판정하기, 계산하기 등(13가지)
아이디어와 관련된 일	설명하기, 아이디어 포착하기, 개념화하기, 발명하기, 유추하기, 개혁하기, 변호하기, 문제해결하기, 전략개발하기, 결합하기, 홍보하기, 글쓰기, 발표하기 등(13가지)

이렇게 정리된 52가지의 일 중에서 하고 싶은 일 9가지를 선택해서 조합을 만들어 보면 대략 11가지의 진로 방향을 예측해 볼 수 있다.

11가지의 진로 방향은 연구가, 현장가, 교육가, 기획가, 탐구가, 사업가, 행정가(사무원), 기술자, 복지사, 관리자, 평론가 등이다. 이러한 진로 방향을 직업이라고 부르기에는 너무 광범위한 표현이고 분야 또는 방향이라고 하는 표현이 더 어울린다. 이렇듯 프레디저는 진로를 선택함에 있어 어떤 일을 좋아하고 잘하는지가 중요한 변수라고 본 것이다. 일에서 출발하여 내게 맞는 직업을 찾아가는 논리적인 순서는 다음과 같이 설명할 수 있다.

직업은 일들의 조합이다(J=W1+W2+W3+…)

지구상에 일이 몇 가지인지를 정리해 놓은 자료는 없다. 하지만 "계산한다, 상담한다, 판매한다, 보고한다, 만든다, 운반한다" 등과 같은 것들이 모두 일이다. 이러한 일들 중에서 특정인이 관심을 갖게 되는 일은 그 사람의 적성, 환경, 선호도, 가치관, 성격, 신체적 · 경제적 조건 등에 의해 정해진다. 하지만 관심이 있고 하고 싶다고 해서 모든 일을 할 수 있게 되는 것은 아니다. 하고 싶은 일 중에서 '지식과 기술'을 확보해야만 비로소 할 수 있는 일이 될 수 있다. 특정한 일을 하기 위해 지식과 기술을 확보하지 못했다면 좋아는 하지만 할 수 일은 아니다. 다음 그림에서는 하고 싶은 일이 8가지라고 가정하고, 이 중에서 할 수 있는 일은 6가지라고 가정했다.

할 수 있는 6가지의 일로 만들어 낼 수 있는 직업의 개수는 확률

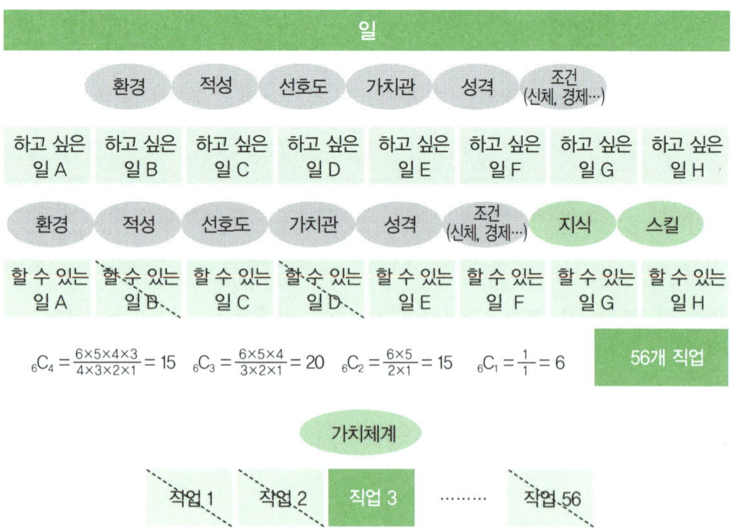

공식을 활용하면 위와 같이 계산된다. 즉, 6개 중에서 4가지 일을 결합하여 만들 수 있는 직업의 개수는 15가지, 6개 중에서 3가지 일을 결합하여 만들 수 있는 직업의 개수는 20가지, 6개 중에서 2가지 일을 결합하여 만들 수 있는 직업의 개수는 15가지이다. 6개 중에서 1가지 일로 만들 수 있는 직업의 개수는 6가지이다. 모두 합하면 56가지의 직업을 만들 수 있다. 하지만 이론적으로 구해진 56가지의 직업이 모두 직업적으로 가치가 있다고 할 수는 없다. 한 사람이 56가지의 직업을 모두 가질 수도 없다. 보통의 사람은 일정기간 동안 자신의 가치체계에 가장 적합한 직업 한 가지만 선택하는 것이 일반적이다.

직업은 유한(有限)하고 일은 무한(無限)하다

다음 표에서 보는 바와 같이 각 직업을 나타내는 주된 일을 보면 공장 근로자는 물건 만들기, 운전수는 운반하기, 군인은 적과 싸우기, 경찰은 범죄자 잡기라고 할 수 있다. 만약 인공지능과 로봇이 더욱 발달하여 인간의 영역을 침범하게 되면 '공장 근로자'라는 직업인이 대체되기 쉬울까? 아니면 '물건 만들기'라는 일이 대체되기

직업(job)	VS	일(work)
공장 근로자	→	물건 만들기
운전수	→	물건 운반하기
군인	→	적과 싸우기
경찰	→	범죄자 검거하기

가 쉬울까? 당연히 '공장 근로자'가 대체되기가 쉬울 것이다. 누가 물건을 만들든 '물건 만들기'만 계속될 수 있다면 인간에게 필요한 재화가 계속 공급될 수 있기 때문이다.

지금까지 살펴본 바에 의하면 "직업은 특정한 일들의 조합으로 구성되며, 시대에 따라 사라지거나 바뀔 수 있지만 대부분의 일은 사라지지 않고 지속된다." 직업 자체는 재화를 창출하지 못한다. 재화를 창출할 수 있는 유일한 방법은 그 직업이 요구하는 일을 수행했을 때뿐이다. 또한 일의 조합을 바꿈으로써 새로운 직업을 만들어 낼 수도 있다. 따라서 "진로를 선택함에 있어 직업 자체에 관심을 가지기보다는 내가 어떤 일을 좋아하고 잘할 수 있는지에 관심을 가지고 그러한 일들의 수행능력을 높여야 한다." 그래야 일이 요구하는 직업을 선택하거나 만들어 낼 수 있게 된다. 따라서 일은 선물이고 직업은 일을 둘러싼 포장지에 불과한 것이다.

3. 구직난인가 구인난인가

신입직원 20명 뽑는데 1만 명이나 지원했다. 500대 1의 경쟁률이다. 지원자 중 석 · 박사 550명, 외국대학 출신자 500명, 공인회계사 같은 전문자격증 소지자 70명이나 된다. 공기업 취직은 '로또'가 된 느낌이다. 어떤 기준으로 누구를 뽑아야 할지 막막하다.

국내 한 공기업 인사담당자의 말이다. "중소기업은 도대체 지원자가 없습니다. 수도권 대학은 고사하고 지방대 출신자들조차 오지 않습니다. 어렵게 뽑아놓아도 1년도 지나지 않아 그만둡니다. 취업난이란 말은 딴 나라 이야기 같아요." 중소기업 CEO들의 하소연이다.

2019년 4월 기준 실업자가 124만 명을 넘고, 청년실업률은 11.6%로 사상 최대를 보여도 중소기업에서는 구인난이 계속되고 있다는 현상은 시장경제원리로도 설명이 되지 않는다. 고용시장에서의 양극화는 심각한 수준이다.

세칭 우수인력이라고 말하는 인서울 소재 대학출신자들은 '신의 직장'으로 불리는 공무원이나 공기업 그리고 대기업에 쏠리다 보니 취업은 낙타가 바늘 귀 뚫는 격이 되고 있지만, 중소기업 현장에서는 사람이 늘 부족하고 지원자가 부족한 실정이다.

고용시장의 양극화현상에도 불구하고 우리나라 니트(NEET: Not in Education, Employment of Training)족, 즉 공부도 일도 안 하는 청년 니트족이 122만 명이라고 한다. 2016년 한국청소년정책연구원(윤철경)의 '한국의 니트 청소년 규모 파악연구'에 따르면 무직

청소년 · 청년(15~29세)은 122만8,000여 명으로 추산됐다. 통계청 경제활동인구조사(2016년)를 분석한 것이다. 연령별로 15~19세 11만7,000여 명, 20~24세 41만2,000명, 25~29세 69만9,000명이다. 비율로 해당 연령층에서 각각 3.9%, 13.4%, 20.9%를 차지한다.

청소년 니트족이 취업하지 않는 이유로 "노는 것이 좋아서(38%), 마땅한 일자리가 없어서(22.5%), 하고 싶은 게 없어서(18.3%)" 등을 이유로 꼽았다. 취업전문기관인 (주)리쿠르트에서 조사한 바에 의하면 청년 니트족이 취업하지 못하는 원인을 다음과 같이 제시하고 있다.

첫째, 왜 일을 해야 하는지 알지 못한다. 즉, 직업관이 심각하게 결여되어 있다.

둘째, 자신이 무엇을 하고 싶은지 모르고 있다.

셋째, 하고 싶은 것을 발견해도 취업을 위한 역량을 전혀 갖추지 못하고 있다.

이러한 현상은 필자가 20년 전부터 대학 현장에서 학생 취업지도를 하며 자주 목격할 수 있었다. 더 심각한 것은 대부분의 학생들은 중소기업은 아랑곳하지 않고 대기업과 공기업에만 쏠리고 있다는 사실이다.

4년 전 고등학교를 그만둔 김하윤(가명, 21) 씨는 지금껏 '장래희망'이 없다. 학창시절부터 꿈이 없는 게 가장 큰 고민이었다. 친구들은 저마다 목표를 향해 공부하는데 김씨는 책상에서 노래를 듣거나 속된 말로 '멍 때리기'를 하며 시간을 보냈다.

한 달여간 결석을 했을 때 엄마는 먼저 "학교를 관두자"고 제안했고, 담임선생님은 자퇴서를 내자마자 별다른 말없이 승인했다. 김씨가 지금껏 도전한 아르바이트만 11가지가 넘는다. 커피숍, 고깃집 등을 떠돌며 몇 주간 일을 해 생활비를 모으면 다시 집에 콕 박힌다. 김씨는 "학교에서도 진로 상담을 진지하게 해주는 어른이 없었는데 학교 밖에서 관심을 가져 줄 사람이 있겠느냐"며 "키워준 할머니에게 보탬이 되려면 안정적인 일자리를 찾아야 할 텐데 걱정"이라고 말했다.

2년 전에 평소에 잘 알고 지내던 친구로부터 부탁을 받았다. 대학을 졸업하고 2년이 지나도록 취업을 하지 못해 부모의 애를 태우고 있는 아들을 만나서 컨설팅을 좀 해달라는 것이었다. 이틀 후에 사무실로 찾아온 친구아들과 그동안의 취업준비활동에 대해 질문을 했다. 놀랍게도 2년 동안 100여군데가 넘는 회사에 입사지원서를 제출했다고 했다. 문제는 모두 대기업이었다는 것이다. 최근에 작성한 입사지원서를 보며 한눈에 알 수 있었던 것은 그가 대기업에 취업할 수 있는 역량이 부족하다는 것이었다.

여러 가지 이야기를 나누며 직접 대기업에 취업하기 어렵다면, 일단 중소기업을 거쳐 대기업에 경력사원으로 점프하는 방법을 알려 주었다. 그동안 알고 지내던 괜찮은 중소기업을 추천해 주기도 했다. 하지만 2시간의 면담을 마치고 사무실문을 나서는 그의 모습은 중소기업에는 전혀 생각이 없어 보였다. 대학 강의에서 학생들에게 자주 던지는 질문이 있다. "여러분! 지금 취업경쟁을 하고 있습니까? 취업전쟁을 하고 있습니까?" "취업전쟁을 하고 있습니다."

"그렇다면 전쟁터에 나갈 때 임전태세와 상대방을 반드시 이길 수 있는 무기는 준비되어 있습니까?" "…" 생각보다 준비가 부족하다.

최근 정부에서 정책적으로 공기업 일자리를 늘리고 있지만 이는 한시적이다. 공기업과 공무원 일자리를 무한정 늘릴 수 없는 구조적 특성을 가지고 있다. 이들은 대부분 정규직이다. 일단 채용하면 정년까지 보장되기 때문에 철밥통이라는 별칭이 붙어 있다.

대기업도 마찬가지다. 고용 없는 성장으로 대기업의 일자리는 몇 년째 늘어나지 않고 있다. 인력이 필요한 부분은 기술개발로 보완하고 있다. 중소기업에 사람이 모이지 않고, 또 키우지도 않는 악순환의 고리를 끊기 위해서는 중소기업에서도 변화와 혁신이 필요하다. 중소기업 CEO들의 인재에 대한 시각이 바뀌어야 한다. 사람이 없다고 한탄만 할 게 아니라 사람을 찾고 선발하고 양성하는 일에 투자를 아끼지 말아야 할 것이다.

4. 신중년과 나잇살

3막 인생을 준비하는 때가 되면 한 번쯤 나이에 대하여 생각하게 된다. 전직이나 재취업을 준비할 때 나이는 중요한 기준이 되기 때문이다. 사람의 나이는 호적상 나이와 생체적 나이로 구분할 수 있지만, 전직이나 재취업과 관련된 나이는 호적상 나이가 기준이 된다. 사람의 나이는 결국 얼굴에 그려지고 몸에 각인되어 외형적인 모습으로도 나타난다. 나이가 들수록 얼굴에 주름이 생기고 소위 나잇살(나이테)이 생기면서 몸도 본래의 기능을 하나 둘씩 잃어가고 동시에 연륜과 경험을 더해 간다.

나무의 나이테는 나무가 살아온 역사를 기록한 흔적이다. 나무의 역사를 알고 싶으면 나이테를 보면 알 수 있다. 나무의 나이테는 나무의 자서전이기 때문이다. 나무는 어떤 환경에서 얼마동안 어떻게 자랐는지 자신이 살아온 역사를 고스란히 나이테에 축적해 놓고 있다. 그래서 나이는 속여도 나이테는 속일 수 없다고 한다.

> 나무는 어떤 환경에서 싹을 틔우기 시작했는지에 따라 자신의 삶을 스스로 만들어 간다. 척박한 땅에서 자라기 시작하면 출발부터 순조롭지 못한 운명을 타고난 것이다. 그런 나무의 나이테는 어둡고 간격도 좁다. 그만큼 살아남기 위한 치열한 사투가 있었음을 보여 주는 것이다.
>
> – 유영만, 〈나무는 나무라지 않는다〉, 2017.

사람도 마찬가지다. 부유한 환경에서 자란 아이는 금수저로 살아가고, 가난한 부모를 만난 아이는 흙수저로 살아가며, 그들에게 다가오는 저마다의 환경 속에서 자신의 삶을 살아간다. 금수저라고 매일 즐거운 삶만은 아닐 것이며, 흙수저라고 매일 고달픈 삶도 아닐 것이다.

신중년이 살아온 대부분의 일상은 흙수저의 삶이었을 것이다. 사람들의 일상적인 삶은 저마다의 사연을 담은 사건들로 이루어져 있다. 결국 삶이란 매일 직면하는 사건을 해결하며 나이를 먹는 과정의 일부라고 할 수 있다.

나이를 먹는 것은 시간이 지나면 누구에게나 다가오는 현상이지만, 남의 일이나 어떤 사물에 드러나지 않게 조금이라도 피해를 입히는 일은 하지 말아야 하며, 나이에 어울리는 삶을 살아야 한다. 나무는 나이가 들수록 더욱 아름다워지지만 사람은 다 그런 것만은 아닌 것 같다.

2막 인생을 뒤돌아보면 수많은 기회들이 시대를 함께 했던 모든 사람에게 공존했다. 1980년대 후반 개인용 컴퓨터가 보급되었을 때 4050세대들은 컴퓨터 자판 익히기를 거부했던 시절도 있었다. 각 사무실마다 타자원 1명이 배치되어 있었기에 기존의 업무방식대로 해도 일처리에는 별 무리가 없었다. 1990년대 말까지 개인용 컴퓨터는 워드프로세서 기능이 주를 이루고 있었기에 관리직인 4050세대의 업무처리에는 별 어려움이 없었다.

21세기가 되면서 인터넷이 활성화되고, 사내 인트라넷이 구축되고, 전자결재시스템이 도입되면서 문제가 드러나기 시작했다. 10년이라는 시간은 4050세대를 5060세대로 바꿔 놨다. 컴퓨터 자판 익히기를 거부했던 이들은 독수리 타법이라는 이상한 행동으로 직장생활을 마감할 수밖에 없었다.

앞으로도 그들은 이 수준에서 3막 인생을 맞이하게 될 것이다. 인생 2막까지는 배우고 익혀야 할 때를 놓치고도 불편을 감수하면서 살 수 있었다. 그러나 3막 인생은 배우고 익숙한 것을 버리고 새로운 것을 배우지 않으면 생존이 어려울 수도 있다. 다른 사람과의 관계 형성이 어렵고, 가족이나 손주들과 소통도 어렵고, 수많은 정보로부터 소외되어 외톨이가 되어 살아야 하는 길밖에 별 도리가 없을 것이다.

나이는 "나 이제 스스로 생각하고 행동할 수 있는 자립심이 있다"는 것을 보여 주는 것이다. 나무가 자신의 삶을 고스란히 나이테에 담아 아름다운 무늬를 만들 듯 신중년은 살아오면서 몸으로 겪은 다양한 경험을 후배들에게 아낌없이 나누는 삶의 본보기를 보여 줄 때 후배들이 만들어 가는 세상 속에서 인생 3막을 가치 있게 보낼 수 있다.

그래서 평생학습이 강조된다. 그동안 배우고 익혀온 것만으로 다가오는 미래에 적응하기란 쉽지 않다. 1막 인생에서 배우고 학습(learn)한 것으로 인생 2막을 살아왔다면, 이제 이것을 후배들에게 완전히 나눠 주고 버리는 패기학습(unlearn)이 필요하다. 이러한 과정을 거쳐 확보된 지식공간을 시대가 요구하는 새로운 것으로 배우는 재학습(relearn)이 필요하다.

이마에 쌓여만 가는 주름살이 경험과 지혜의 연륜(年輪)으로서 아름다운 나잇살이 될 수 있도록 가꿔야 한다. 나이가 들수록 그동안의 경험을 아낌없이 나눌 수 있을 때 조금이나마 인정을 받을 수 있기 때문이다.

많은 것을 바라는 것은 과욕이다. 손안에 있는 것을 버리고, 손바닥을 펴야 철봉을 잡을 수 있는 이치와 같다. 인생 3막을 시작하는 신중년의 나잇살에 재학습과 평생학습이라는 주름살을 한두 개 쯤 더하는 것은 3막 인생을 준비하는 수단이기 때문이다.

5. 신중년의 취업난

퇴직은 했지만 은퇴할 수 없는 삶

우리나라의 평균 퇴직연령이 53세이지만 50세 이상 신중년의 69%가 어떤 형태로든 계속 일하기를 원하고 있고 실제 은퇴연령은 평균 71세로 OECD 국가 중 높은 편인 것으로 조사되었다.

65세 이상 고령층의 경제활동 참가율은 31.9%, 고용률 31.3%로 OECD 평균인 13.8%에 비해 매우 높으며, 실질 은퇴연령은 남성 71.2세, 여성 67.9세로 OECD 국가 중 멕시코(남성 73세, 여성 75세) 다음으로 높게 나타났다. 50대 시니어의 74%가 취업자이며, 60세 이상 39%, 70세 이상 약 24%가 취업한 상태에 있을 정도로 고령층의 경제활동 참여율이 매우 높은 편이다.

한국고용정보원(2018) 통계에 따르면, 2015년 현재 신규 구직건수와 취업건수 증감률은 60세 이상 고령층에서 구직건수 16.8%, 취업건수 26.2%로 가장 높게 나타났으며, 30대층에서는 구직건수 0.4%, 취업건수 3.8%로 가장 낮게 나타났다. 이미 현직장에서 퇴직한 50세 이상 시니어의 과반수인 57%가 "기회가 된다면 다시 일하고 싶다"는 생각을 갖고 있으며, 50대에서 68%로 가장 많았으며, 70대 이상도 61%로 근로의향이 매우 높은 것으로 조사되었다.

신중년들의 경제활동상태

(단위: %)

구분	15~49세	50세 이상						
		전체	50~59세	60세 이상	60~64세	65세 이상	60~69세	70세 이상
취업률	64.1	55	74.1	39.1	59.2	30.5	52.9	23.6
실업률	3.1	1.5	1.8	1.1	2	0.8	1.6	0.6
경제활동 참가율	67.2	56.5	76	40.3	61.1	31.4	54.5	24.2

자료: 지은정 · 오학수(2016), 50+ 고용활성화를 위한 적합일자리 연구, 한국노인인력개발원 연구보고서.

전 세계적으로 고령화 추세에 있지만 우리나라의 인구 고령화는 전례 없이 빠른 속도로 진행되고 있고, 국가와 개인 모두 길어진 노후에 대한 대책 마련이 취약해 경제적 빈곤을 겪는 고령층이 늘어나고 있는 추세에 있다.

통계청에 따르면 2018년 현재 한국의 65세 이상 노인인구 빈곤율은 49.6%로 OECD 회원국 중 가장 높은 반면, 은퇴 전 소득 대비 연금소득 대체율은 45%로 OECD 평균인 63.2%에 크게 못 미치는 수준으로 고령층의 빈곤문제가 심각한 상태에 있다. 중산층 이상 고령층 중에도 노후소득으로 유동화할 수 없는 부동산 자산을 갖고 있는 경우가 대다수이고, 부채와 자녀양육비 부담을 안고 있는 경우가 많아 생계를 유지하기 위해서라도 일자리를 구할 수밖에 없는 형편이다.

서울시 일하는 신중년의 노후준비 정도

(단위: %, N=975)

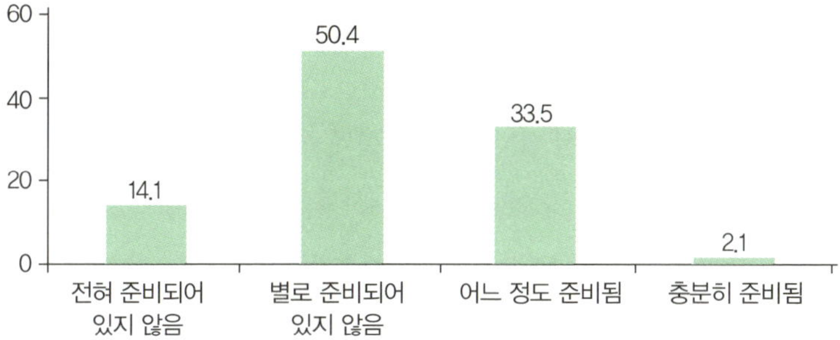

서울시 복지재단의 '2016년 일하는 신중년의 노후준비 정도 조사자료'에 의하면 '별로 준비되어 있지 않음이 50.4%, 전혀 준비되어 있지 않음이 14.1%'로 나타나 '준비되어 있지 않은 상태가 전체 조사자의 64.5%'를 차지하고 있다. 반면에 '충분히 준비된 상태 2.1%, 어느 정도 준비된 상태 33.5%'로 나타나 '준비되어 있는 상태로 전체 응답자의 35.5%'로 나타났다.

이미 은퇴한 50세 이상 시니어들 중 과반수가 기회만 된다면 일하겠다는 의향을 갖고 있는데, 일하고 싶은 주된 이유는 생계유지이며, 삶의 의미와 보람을 느끼기 위해, 건강에 좋기 때문이라는 이유도 상당한 비중을 차지하고 있다.

노후준비가 부족하고 자녀로부터 부양을 기대하기 어려운 상황에서 생계유지를 위해 일하고 싶다는 의견이 가장 많지만, 노인들이 일하고 싶은 것은 경제적인 이유와 더불어 다양한 욕구를 충족시키기 위한 것임을 알 수 있다.

과거 기성 노인 세대에 비해 현재의 60세 이상 시니어들은 신체적으로 건강한 편인 데다, '신중년'이라는 표현이 어색하지 않을 정도로 젊은 마인드를 갖고 있으며 스스로를 노인으로 인식하는 비중이 낮은 편으로 조사되었다.

서울시복지재단에서 2016년 노인실태조사를 분석한 결과에 따르면 서울시 65세 이상 노인 3,058명 중 약 62%가 평균 71세를 노인 연령으로 인식하고 있는 것으로 나타났다.

신중년을 위한 좋은 일자리는 없다

50세 이상 퇴직한 시니어들의 근로의향이 높지만, 일하고 싶은

은퇴한 시니어들이 일하고 싶은 이유

(단위: %, N=500)

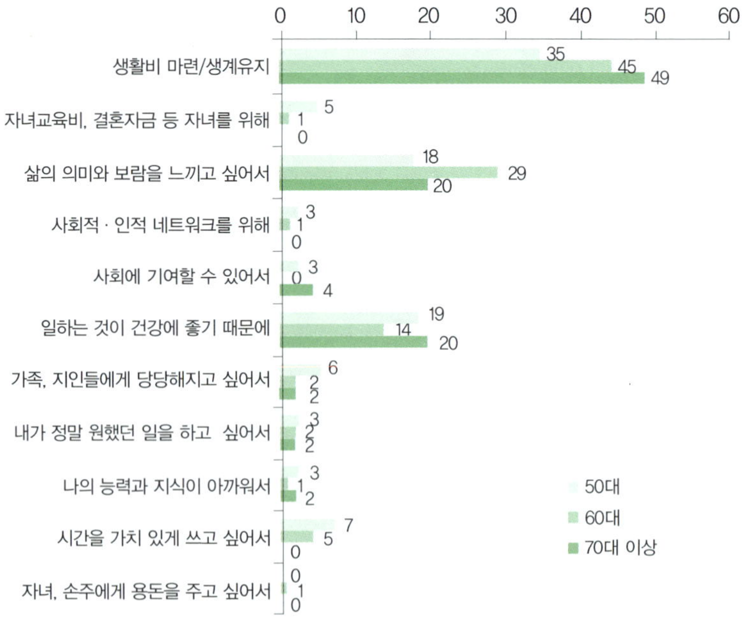

시니어들은 많은 데 비해 실제 노동시장에서는 나이가 많다는 이유로 재취업에 어려움을 겪고 있다. 대개 50대 중반이 되면 퇴직하게 되는데 경력이나 경험 면에서 커리어가 절정에 이르렀을 때 직장을 떠나야 하므로 사회적 · 개인적으로 인적자원 손실이 크다.

퇴직한 50세 이상 시니어들은 다니던 회사에서 계속 일하고 싶지만 퇴직 후 재취업이 쉽지 않고 충분한 준비 없이 창업할 경우 실패할 확률이 높은 것도 현실이다. 아직 퇴직하지 않은 50세 이상 시니어들은 퇴직 후 새로운 기술, 능력, 정보가 부족해 재취업이 어렵다기보다는 단지 나이가 많다는 이유로 차별받는 것으로 인식하고 있는 것으로 나타났다.

50+ 취업 시 가장 큰 장애물

(단위: %, N=723)

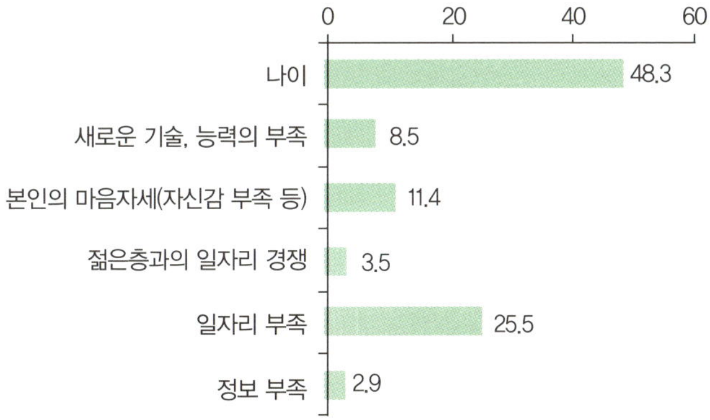

"젊을 땐 잘 몰라도 아는 척하면서 인정받고 살았는데, 이젠 훨씬 많이 알고 경험이 풍부해도 나이 들었다고 퇴직하라고 합니다."

50세 이상 시니어들은 20~30대에 비해 신규 구직건수 및 취업건수는 더 많지만 실제 구직일자리를 살펴보면, 경비 및 청소 관련직이 가장 큰 비중을 차지하고 있다. 50세 이상 시니어들은 나이로 인해 취업이 어렵다는 현실을 잘 알기 때문에 기대수준을 낮춰 경비, 청소 관련직에 대한 구직희망 비중이 높아지고, 경영, 회계, 사무 관련직을 희망하는 비율은 급감하는 것으로 나타났다.

시니어들은 낮은 임금의 단순노무직, 일용직, 임시직에 종사하는 경우가 많으며, 경쟁을 뚫고 취업기회를 얻어도 근로계약이나 4대 보험 적용을 받지 못하는 경우가 많아 고용여건이 불안정한 경우가 많은 것으로 나타나고 있다.

6. 청년 일자리 대 신중년 일자리

청년실업과 신중년실업이 동시에 사회적 과제로 대두되고 있다. 기대수명이 길어지고 노후준비는 취약한 상황에서 퇴직 후 안전한 은퇴생활을 즐기기보다는 소득창출을 위한 일자리를 원하는 신중년들이 급증하고 있다. 대다수의 신중년층이 재무적 노후준비가 취약하여 생계유지를 위한 일자리가 필요하며, 경제적으로 여유가 있는 경우에도 사회활동을 통해 심리적 충족감을 채우고 건강을 유지하기 위해 계속 일하고 싶어 하는 욕구는 줄어들지 않고 있다.

2019년 4월 말 전체 실업률은 4.3%로 2010년 이후 가장 높다, 특히 청년실업률 11.6%로 2년 연속 사상 최고치를 경신하였으며, 중·고령층 고용률은 다소 개선되는 반면, 청년층 고용률은 더욱 악화되는 양상을 보이고 있다. 이러한 상황 속에서 정년연장 또는 퇴직 후 재취업하는 신중년의 증가가 청년층 일자리 기회를 빼앗는 것이 아닌가 하는 우려와 함께 청년실업의 원인을 신중년 취업률 증가에 원인이 있다고 세대 간 갈등을 조장하는 우려도 나타나고 있다.

저성장으로 고용한파가 지속되면서 청년과 신중년 모두 심각한 취업난을 경험하고 있다. 한정된 일자리를 놓고 두 세대가 경합하는 것이 아닌가 하는 우려가 있는 것도 현실이다. 삼촌과 조카가 괜찮은 일자리를 두고 서로 경쟁한다는 말도 있다.

영국은 1970년대 청년층의 높은 실업률이 고령 근로자들의 노동시장 잔류 때문이라는 인식이 팽배해 59세 여성, 65세 남성을 조기

청년 일자리 대 신중년 일자리

구분	직업명
청년층 종사자가 많은 직업 (35세 이하)	직업운동선수, 대학 교육조교 및 연구보조원(RA), 검표원, 패스트푸드원, 오락시설 서비스원, 여가/스포츠/레크리에이션 관련직, 홍보도우미/판촉원, 무인경비원, 웨이터/접객원, 광고/홍보전문가, 항공기 객실승무원, 무용가/안무가, 웹/멀티미디어 디자이너, 식품시험원, 의료복지 관련 서비스 종사원, 바텐더, 마술사, 연예인 및 스포츠 매니저, 물리/작업치료사, 경호원, 식품가공학 기술자/연구원, 보육교사, 행사이벤트/전시기획자 및 전문가, 메이크업 아티스트/분장사, 영양사, 통신서비스/이동통신기 판매원, 비서, 에너지 시험원, 치과기공사, 유치원교사, 통신/관련 장비 설치 및 수리원, 시각디자이너, 패션디자이너, 연극/영화/영상 관련 종사자, 컴퓨터 시스템/네트워크 보안전문가, 제품 디자이너, 안내 접수원, 콜센터 안내원, 배우/모델, 환경 시험원, 시스템 소프트웨어 개발자, 웹마스터/웹개발자, 가수/성악가, 디스플레이 디자이너, 조사전문가, 응급구조사, 화학공학 시험원, 비파괴 검사원, 출납창구직원, 영상녹화/편집기사, 미용 관련 서비스 종사원, 투자/신용분석가, 네트워크 시스템 분석가/개발자, 상품기획전문가, 행정/경영 지원 관련 서비스 관리자, 음식서비스 종사원, 온라인쇼핑몰 판매원, 보험/금융 상품개발자, 숙박시설 서비스종사자, 선박/열차 객실승무원, 전자공학 기술자 및 연구원, 응용소프트웨어 개발자
신중년 종사자가 많은 직업 (55세 이상)	간병인, 경비원, 과수작물 재배원, 세탁원 및 다림직원, 주차관리원 및 안내원, 이용사, 청소원, 채소 및 특용작물 재배원, 구두미화원 및 수선원, 곡식작물 재배원, 농림어업 관련 단순 종사원

자료: 김한준 · 서현주(2016). 2015 한국의 직업정보: 2015 KNOW 보고서, 한국고용정보원, p.29에서 발췌 정리.

퇴직시키는 정책(job release scheme)을 1977년부터 1988년까지 도입했지만 청년실업률은 개선되지 않았고 정책효과가 전혀 나타나지 않았다.

우리나라에서도 2010년을 전후해 청년실업문제가 심각해지면서 언론을 중심으로 세대 간 일자리 경합을 우려하는 사회적 여론이 형성되었고, 일자리를 찾는 신중년 인구가 늘어나면서 세대 간 일자리 전쟁으로까지 비화될 정도로 청년층과 신중년층을 취업경쟁 구도로 보는 관점도 있었다.

그러나 국내외적으로 많은 학자들이 노동 총량설의 오류(lump of labor fallacy)를 실증적으로 검증해 왔고, 현재는 청년층이 고령층과 일자리를 놓고 다투는 경쟁관계가 아니라 상호 보완적 관계에 있다는 공감대가 형성되고 있다. 한 사회 내에서 노동의 총량은 여러 가지 사회 · 경제적 상황이나 제도적 환경에 영향을 받아 끊임없이 변동하고 있다. 신중년의 취업 또는 정년연장이 청년의 취업과 일대일로 대응하는 것은 성립하지 않는다. 실제로 청년층과 신중년들이 선호하는 구직일자리 유형이 이를 잘 설명하고 있다.

신중년 적합 직무 신직종 선정 현황

직종(직업)명	세부직무내용
경영/ 마케팅 관련 신직업	• 지속가능경영 전문가 경영에 영향을 미치는 환경문제, 사회문제, 기업윤리 등을 종합적으로 고려하여 기업의 지속가능성을 추구하기 위한 사업을 기획 · 개발 · 운영
	• 기업재난관리자 기업 차원에서 각종 재난 발생 시 사고대응 및 2차 피해방지는 물론 기업활동의 사업연속성을 확보하기 위한 실무자활동, 재해경감활동 계획 수립을 위한 컨설턴트활동, 그리고 재해경감 우수기업 인증평가활동을 수행
	• 할랄전문가 할랄인증을 받고자 하는 기업, 품목 등에 대해 관련 절차, 할랄제품 마케팅 및 홍보, 수출무역 등과 관련한 사항을 컨설팅
사회복지/ 교육 관련 신직업	• 진로체험 코디네이터 초 · 중 · 고 학생이 관심을 보이는 직업을 보유한 기업 또는 사업장을 찾아 직업체험을 할 수 있도록 체험기회를 발굴하고 관련 프로그램 기획
	• 전직지원전문가 퇴직 후 이 · 전직이나 창업을 희망하는 사람에게 제2의 직업을 추천하고 이에 대한 상담 및 컨설팅
	• 노년플래너(시니어플래너, 웰다잉강사) 고객의 노후 건강관리법, 자손과의 인간관계, 노후설계 등에 대해 상담하고 관련 정보를 제공
	• 산림치유지도사 숲이 가진 치유기능을 활용하여 산림 휴양 이용자가 건강을 유지하고 회복할 수 있도록 각종 산림치유 프로그램을 개발, 보급해 지도

	• 산업카운슬러(감정노동상담사) 기업의 작업환경에 따른 근로자의 정신적 문제를 파악해 근로자가 정신건강을 위한 전문적인 도움을 받을 수 있도록 상담을 제공하며, 정도가 심한 부적응자는 정신과의사나 임상심리상담사에게 연결
공학 관련 신직업 (4차산업 혁명 등)	• 3D프린팅운영전문가 3D프린터를 조작 · 운영하여 고객의 요구에 따라 미니어처, 액세서리, 일상용품, 개인 편의제품, 기계부품, 시제품 등을 제작(출력), 3D모델링이라고 부르는 설계과정을 비롯해 3D프린팅과정, 출력된 제품의 후처리과정을 거쳐 최종제품을 제작
	• 빅데이터전문가 빅데이터를 수집 · 분석해 처리하고, 의미 있는 결과를 도출해 새로운 부가가치를 창출
	• 연구장비전문가 과학기술 연구개발에 사용되는 전문장비에 대한 지식과 기술을 갖추고 장비 운용을 통해 데이터 산출, 해석 및 연구개발활동을 지원
	• 연구실안전전문가 연구실 특성에 맞는 안전점검 및 정밀 안전진단을 수행하거나 연구실 안전에 관한 기술적인 사항을 지도하고 조언
	• 화학물질안전관리사 화학물질 등록 및 위해성 평가 대행, 유독물 위급시설의 관리계획서 작성 및 관리, 화학사고 예방 및 대응에 대한 업무수행
	• BIM전문가(디자이너) 건축물의 설계 · 시공 · 유지관리단계에서 BIM(Building Information Modeling)을 적용해 안전하고 친환경적이며 효율적인 시설물을 구현
	• 드론전문가 상업용 드론시장이 광범위해짐에 따라 드론 표준전문가, 드론 수리원, 드론 운항관리사, 드론 조종사 등 드론 관련 신직업으로 분류

자료: 고용노동부, 2019년 2월 22일

7. 마지막 허들 '4차 산업혁명'

다보스포럼의 경고

2016년 1월 16일 스위스의 다보스에서 세계 정재계 수뇌들이 모여 전 지구적 이슈를 논하는 세계경제포럼(WEF)에서 '4차 산업혁명'을 2016년 의제로 선포했다. 세계경제는 이미 '4차 산업혁명'의 새로운 패러다임으로 재편되고 있는 가운데, 4차 산업혁명의 변화는 예측할 수 없을 정도의 속도로 진행되고 있다.

제조업 성장둔화의 늪에 빠진 위기의 한국은 이 거대한 물결을 어떻게 맞이해야 하는가? 클라우스 슈밥 세계경제포럼 회장은 우리가 가야 할 미래의 비전을 제시한다는 주제 발표를 했다.

1997년 IMF 환란을 경험한 우리나라는 4차 산업혁명의 대변혁을 어떻게 받아들여야 할 것인가? IMF 외환위기 때보다 더 낮은 수치를 기록한 한국의 제조업 가동률, 휘청이는 제조업으로 생사의 기로에 놓인 한국경제에 4차 산업혁명은 위기의 돌파구가 될 수 있을 것인가?

UBS(스위스 투자은행)에서 발표한 나라별 4차 산업혁명 준비지수에 따르면 한국은 139개국 중 25위에 불과하다. 12위인 일본보다 훨씬 낮은 순위다. 과연 기술력의 문제일까? 우리나라 기업이 좋은 아이디어를 가지고 있어도 실패하는 이유는 정부규제가 많고, 노동시장의 유연성이 떨어지기 때문이라고 전문가들은 말한다. 우리는 과연 4차 산업혁명이라는 구조적인 변화를 받아들일 준비가 되어 있는가?

> 4차 산업혁명을 새로운 기회로 맞는 차이나 파워. 한국의 최대 무역 상대국 중국이 변하고 있다. 저품질 기성품을 상징했던 'Made in China'는 'Created in China'로 탈바꿈하고 있다. 글로벌기업들의 첨단기술 트렌드를 만날 수 있는 세계 최대 가전전시회 '2016년 세계가전박람회' 참가업체 중 32%가 중국기업이었다. 중국은 이른바 '제조 2025'정책으로 신기술 연구개발에 전폭적인 지원을 하고 있다. 세계 1위의 전기차기업 BYD를 비롯하여 새로운 패러다임을 선도하는 중심에 중국이 있다. 나아가 4차 산업혁명시대를 이끌어갈 인재양성에도 주력하고 있는 중국. 상해에 있는 퉁지대학은 중국-독일 양국 간 교환학생프로그램을 운영하며 독일식 산업모델을 교육과정에 도입했다. 중국은 로봇산업은 물론이고 인공지능, 빅데이터 등 첨단산업에서 세계시장을 장악하며 4차 산업혁명시대를 재편하고 있다. – KBS 1TV, 2018. 11. 6.

맥킨지연구소는 인터넷산업이 급속도로 발전하면서 지난 5년간 GDP 성장의 21%를 차지했다고 밝혔다. 이 연구에서 중소기업 4,800개를 조사한 결과 기술발전으로 일자리 1개가 소멸될 때마다 인터넷 일자리 2.6개가 새로 만들어진 것으로 나타났다. 인터넷산업이 일자리창출의 근원이 되고 있음을 부인할 수 없다. 즉, 미래의 일자리는 육체적 노동은 자동화시키는 대신 인터넷이나 소프트웨어와 관련된 일자리로 옮겨 간다.

2030년에 사라질 직업에 대한 예측이 신중년들에게는 무관한 이야기이겠으나 사회진출을 준비하는 청년층의 진로 선택에 시사하는 바는 크다. 과거에 각광을 받았던 직업이 없어지는 것을 보고 기술의 발전 속도를 감안하면 2016년 다보스포럼의 2030년 예측을

흥밋거리로만 여겨서는 안 될 것 같다.

신중년을 살고 있는 이들도 손주들과의 소통을 위해서도 컴퓨터를 이용하는 소프트웨어 원리나 코딩교육을 배워야 할 필요가 있다. 30년이 넘는 직업생활을 통하여 축적된 노하우가 무용지물(無用之物)이 되는 것을 바라보고만 있을 수는 없을 것이다. 홍석기 박사는 〈무용지용(無用之用)이 답이다〉라는 책에서 그동안 감춰져 있던 지식이 4차 산업혁명으로 새롭게 유용한 가치를 발휘하게 될 것이라고 말하고 있다.

4차 산업혁명은 기존의 것들이 서로 융합하여 새로운 가치를 창조하는 지식혁명이다. 생각하기에 따라서는 더 많은 일자리가 생겨날 수도 있다. 기존의 패러다임에서 벗어나지 못하고 과거와 같은 일자리를 생각하다 보니 일자리가 줄어들 것이라 예측한다. 그러나 1~2차 산업혁명시대에도 동시대 근로자들은 다 같이 불만이었다. 자신이 속했던 일자리는 분명히 줄어들었지만, 새로운 일자리는 훨씬 많이 만들어졌다. 이와 같이 변화에 적응하지 못한 사람들은 일자리를 잃는 아픔을 겪었지만, 변화에 적응한 사람들은 새로운 일자리를 찾아 더 많은 기회를 만들기도 했다.

흔히 지식정보화사회로 불리는 3차 산업혁명도 마찬가지다. 지식정보와 서비스가 결합된 일자리가 폭발적으로 늘어났으나, 기존의 제조업 일자리는 줄어들었다. 과거 세 차례의 산업혁명의 경험에서 볼 때 4차 산업혁명으로 일자리가 줄어든다는 것은 기우에 지나지 않을 것이라고 예측하는 전문가도 있다. 인공지능(AI), 빅데이터, 3D프린팅, 사물인터넷(IoT), 로봇 등으로 대표되는 4차 산업혁명의 핵심기술은 분명 새로운 일자리를 만들 것이다.

신중년은 이러한 변화를 거부할 것이 아니라 순응하며 적응하는 노력이 필요하다. 4차 산업혁명은 신중년이 기꺼이 건너야 할 마지막 허들(장애물)이기 때문이다.

전문직이 사라질 2030년

지금까지 좋은 일자리의 대표적인 분야가 전문직이었다. 그러나 4차 산업혁명의 시작으로 2030년에는 전문직이 사라진다고 한다. 직업은 있으나 직장이 사라지고 직업인의 70%는 프리랜서로 일하게 된다고 한다. 매일경제신문과 예스24가 쟁쟁한 신간과 양서를 대상으로 독자 2만4,000명이 2016년 4월 한 달간 직접 투표해 베스트 도서를 선정하게 했다. 가장 많은 표를 얻은 책은 〈4차 산업혁명시대, 전문직의 미래〉가 선정되었다. 인생 3막을 준비하는 신중년에 주는 시사점이 크다고 생각되어 이 책의 주요 내용을 간추려 소개한다.

기술은 불가능을 가능하게 만든다. 공간과 시간에 대한 인식을 바꾸고, 나아가 최종적으로 '인간의 일'을 다시 설계한다. 유발 하라리부터 일론 머스크까지 이미 세계적인 엔지니어와 석학들은 일자리 없는 미래를 상상하기 시작했다.

법률가이자 옥스퍼드 인터넷연구소 자문위원회 회장인 리처드 서스킨드와 영국 총리실의 정책자문관을 지낸 대니얼 서스킨드 부자(父子)가 함께 〈4차 산업혁명시대, 전문직의 미래〉라는 책을 저술했다. 이 책에서는 앞으로 의사, 법률가, 교사, 회계사, 건축가, 언론인 등 전문직 사회에 위기가 올 것이라고 했다.

377년의 역사를 자랑하는 하버드대에서는 실제로 수업을 듣는 사람보다 온라인과정에 등록하는 사람이 더 많다고 한다.

건강 웹사이트인 WebMD의 월 방문자 수는 미국 모든 의사가 진료하는 사람의 수보다 많다. 〈워싱턴포스트〉가 6년 만에 확보한 디지털판의 방문자 수가 164년 역사의 〈뉴욕타임스〉를 뛰어넘은 지도 오래다. 2014년 세무전문가를 통하지 않고 온라인 소프트웨어를 통해 직접 세무신고를 한 사람도 4,800만 명에 달한다.

전문직이 보유한 기술은 '인쇄기반 산업사회'의 핵심적 역할이었다. 하지만 '기술기반 인터넷사회'에서는 비전문직이 운영하는 기계가 이들 작업 대부분을 수행할 수 있다. 결국 전통적 전문직의 해체로 이어질 수밖에 없다. 오랜 세월 동안 전문직은 독자적인 서비스를 제공하고 막대한 부를 쌓을 수 있었다.

2013년 미국 의료분야에서 지출된 돈은 약 3조 달러에 달한다. 국내총생산(GDP)이 이보다 큰 나라는 전 세계에 네 국가뿐이다. '빅4' 회계법인의 연간 매출액은 1,200억 달러가 넘는다. 세계에서 60번째로 부유한 국가의 GDP보다 큰 숫자다. 전문직은 부와 명예의 상징이었다. 하지만 전문직 세계에 변화의 물결이 일어나고 있다.

심장병 전문의인 에릭 토폴은 〈청진기가 사라진 이후〉라는 책에서 요람에서 무덤까지 모든 데이터가 개인 클라우드에 축적되어 질병이 생기기도 전에 예방하게 될 것이라고 예측했다. IBM의 '닥터 왓슨'의 명성은 이미 자자하다. 의학 관련 논문은 평균 41초마다 하나씩 출간된다. 왓슨은 이 모든 정보를 학습하고 있다. 왓슨시스템의 진단을 통해 간호사가 간단한 수술을 하게 될 날도 머지않았다.

교육분야에서는 반론이 있을 법하다. 수세기 동안 교실에서 학생들을 대상으로 하는 강습방법이 변한 적이 없기 때문이다. 하지만 이미 캘리포니아의 자율형 공립학교 9곳은 등교시간의 4분의 1을 학습실에서 '온라인 플랫폼' 교육에 사용한다. 교육의 개인화는 이미 가속화하고 있다. 비좁은 강의실 수업과 온라인 무대에 선 현자의 대결이 벌어지고 있다. 법률시장에서도 소비자들은 이제 입소문만으로 변호사를 선택하지 않는다.

에이보(Avvo)에는 미국 변호사 20만 명의 평판이 저장되어 있고, 법률자문사를 온라인 경매로 선택할 수 있게 된 지는 10년이 넘었다. 놀라운 무작위 대입 처리능력과 무한에 가까운 저장능력을 제공하는 클라우드, 빛의 속도로 이뤄지는 의사소통, 전례 없는 소형화, 급속한 부품가격 하락이 4차 산업혁명시대에는 현실이 될 것이다. 이러한 기술은 전문직의 산업화와 디지털화, 이들 업무의 상품화, 전문직의 중개자 지위박탈을 가져올 수밖에 없다.

실용적 전문성을 '공유재'로 누리게 될 사회에는 윤리적 질문이 필요하다. 누가 실용적 전문성을 소유하고 통제해야 하는가, 기술의 완전 자유화와 봉쇄라는 두 의견 사이에서 앞으로 각 국가는 치열한 논쟁을 벌여야만 한다. 저자는 존 롤스의 〈정의론〉을 통해 이 딜레마의 해법을 제시한다.

전문가들은 자신을 무지의 장막 뒤에 놓은 다음, 기술 기반 사회에서 실용적 전문성을 어떤 식으로 공유할지 생각해 보라고 한다.

그런 조건에서라면 아마도 대부분 사람들이 봉쇄보다 자유화를 택할 것이라고 주장한다. 의료, 법률, 뉴스, 경영지원, 회계적 통찰, 건축 노하우가 대부분 무료 또는 저가로 사용되는 사회는 향후 10~20년 내에 올 것이라고 주장한다. 그러나 현존하는 직업 중 전문직이 가장 오래 남아 있을 가능성이 큰 것 또한 부인할 수 없는 사실이다.

신중년에게 다가오는 변화, 그냥 지나가기를 바랄 수는 없지 않은가? 전문직이 사라질 2030년을 예측한 책에서 제시하는 주장에 관심을 가져 보는 것도 신중년에게 흥미로운 도전이 될 것이다.

Ⅳ

신중년의 공부

1. 공부의 의미

농경사회에서는 농사를 지으며 살아가는 일이 공부(工夫)였다. 공부란 삶을 통하여 터득하는 자연과 인간에 대한 인식(認識)이다.

工夫(공부)라는 한자어는 '장인공(工)' 자에 '아비 부(夫)' 자가 합쳐진 말이다. '공(工)'은 도구 혹은 연장의 모양을 의미한다. '부(夫)'는 남편 또는 사내를 의미한다. 신영복 교수는 "공부(工夫)란 쟁기를 들고 서 있는 사내, 즉 농사짓는 일과 같다"고 해석했다.

농사짓는 일이 앉아서 머리만 굴리는 일이 아니듯이 공부(工夫)는 몸을 움직여 애쓰는 과정이다. 공부의 공(工)은 정신노동이 아니라 육체노동이다. 즉, 공부란 정신(mind)과 육체(body)의 통합적 인격 전체를 의미한다.

> 머리로 깨달은 진리는 가슴에 새길 수 있지만, 머리로 깨닫지 못한 진리는 가슴에 새길 수는 없다.
> – R. C. Sproul

제대로 된 공부는 머리로 익힌 이론을 몸(행동)으로 실천하여 결실을 맺는 것이다. 머리로 이해할 수는 있지만 직접 체험하지 않고는 가슴으로 느낄 수 없다. 아무리 위대한 생각이나 아이디어라 할지라도 내 몸이 수반되는 체험이 동반되지 않는 공부는 관념적이며 조각난 지식에 지나지 않을 것이다. 머리로 계산하고 논리적으로 판단한 지식을 몸으로 부딪치며 체험적으로 깨달은 통찰력과 판단력이 참된 지식(知識)이며, 진정한 지혜(智慧)이다.

'학이시습지 불역열호(學而時習之 不亦說乎)', 〈논어〉 학이편 1장에 나오는 글이다. "이론과 실습으로 배우고 익히면 즐겁다"는 공부 방법을 말하고 있다.

공부는 머리로만 하는 것이라고 생각하는 사람은 부분적 지식만 양산할 뿐 다른 사람과 공감을 일으키는 지혜를 익힐 수 없다. 실천이 실종된 생각은 현실에 뿌리 내리지 못하고 무력하게 무너질 수 있는 사상누각(沙上樓閣)이 된다.

머리로 익힌 이론을 몸이 경험하는 과정에서 나만의 독특한 색깔을 찾을 수 있다. 이것이 나의 경쟁력이고, 차별화역량이다. 꿈을 머리로 꾸면 골치가 아프고, 몸으로 꾸면 고통스럽다. 고통을 이겨내려는 노력을 통하여 다른 방법을 찾게 된다. 이것이 혁신(革新)이고 창조(創造)이다.

구체적이고 힘든 경험이 몸에 체화되면 그 누구도 갖고 있지 않은 나만의 역량으로 함양된다. 나만의 체험적 깨달음이 그 누구도 갖고 있지 않은 나만의 핵심역량이며 경쟁력으로 남는 것이다.

왜 공부해야 하는가?

학생들에게 공부를 왜 하는가라는 질문을 던졌다. 예기치 못한 질문에 조금은 당황한 모습이었다. 고등학교까지 공식적인 교육제도에서 12년 이상을 공부해 온 대학신입생이 그 대상이다.

특히 고등학교 3년 동안은 수능시험이라는 과제에 온 가족이 매달렸다. 오죽하면 고3병이라 했던가? 그런 상황에서도 공부를 왜 하는가에 대한 질문은 스스로에게 해보지 못했다고 한다. 학교라는 제도가 있었고, 중학교까지는 의무교육이라 당연히 학교에 가야 했다.

대학교육은 선택이다. 이제는 왜 공부해야 하는가에 대한 질문에 답을 찾아봐야 한다. 공부가 재미있는가라는 질문에 대부분의 학생들은 재미없다고 한다. 공부가 재미없는 이유로 다른 학생들과 비교하며 순위를 매기고 성적으로 평가하기 때문이라고 한다.

공자는 학이시습지 불역열호(學而時習之 不亦說乎)라고 했다. "때를 따라 배우고 익히면 즐겁다"라는 의미다. 배우고 익힌다는 의미는 이론과 실습을 통하여 배우고 익힌다는 의미다. 그러면 배우는 것이 즐겁다는 말이다.

그동안 우리나라에서 진행된 교육을 한 문장으로 표현하면 "선생님 말씀 잘 듣고, 외우고, 시험 보고, 잊어버린다"는 교육이었다. 대학에서도 왜 공부해야 하는가에 대한 철학적 사고는 여전히 미흡하다. 수강신청 시에도 왜 이 과목을 수강해야 하는지, 이 과목은 어떤 내용이며, 나의 진로와 어떤 관계가 있는가에 대한 설명이나 소개는 턱없이 부족하다. 필수과목이기에 피해 갈 수도 없다. 선배로부터 학점 잘 준다는 족보가 내려오기에 학점 채우기 위해 수강했을 뿐이란다.

공부해야 하는 세 가지 이유

첫째, 진위(眞僞)를 분별하는 지혜(智慧)를 갖추기 위해 공부한다.

일상 속에는 참과 거짓이 공존한다. 진짜가 있으면 가짜가 있다.

우리는 삶을 통하여 양단간에 선택해야 하는 수많은 경우에 직면하게 된다. 이때 공부를 하지 않으면 무엇이 진짜이고, 무엇이 거짓인지 분별하기 어렵다. 진위를 분별하지 못해서 일어난 사례는 우리 삶에서 얼마든지 발견할 수 있다.

둘째, 선악(善惡)을 분별하는 판단력을 갖추기 위해 공부한다.

인생에서 '선과 악'은 태초부터 있어 왔다. 인간은 선은 취하고, 악은 버린다는 선택의 원리를 적용하며 살고 있다. 지식이 부족하면 무엇이 선한 것인지, 어떤 것이 악한 것인지를 분별하기가 어려운 때가 있다.

셋째, 피아(彼我)를 분별하는 능력을 갖추기 위해 공부한다.

전쟁터에서 누가 아군(我軍)이고 누가 적군(敵軍)인지도 모르고 전쟁한다면 어떻게 될까? 일상에서도 마찬가지다. 피아를 구별하는 지식을 배우고 익히는 것은 생존의 도구이기도 하다. 개인뿐 아니라 국가경영에서도 피아를 분별하는 것은 중요하다. 국가정체성을 두고 벌이는 피아 분별은 비교적 용이하다. 이는 자유민주주의와 공산주의사상에서 분명히 구별될 수 있다. 경제사회적 차원에서는 분별이 어렵다. 이는 개인적 지력(知力)의 정도에 따라 가치판단이 달라지기 때문이다.

일례를 들어 보면, 2017년 5월 9일 시작된 우리나라의 현 정부형태가 선거법에 따라 공식적으로 출발한 정부인가? 대통령이 말하는 촛불혁명으로 탄생한 혁명정부인가? 이는 혁명이란 용어의 개념을 정확히 이해하지 못하면 대통령이 말하는 혁명의 개념을 비판 없이 수용하는 꼴이 되는 것이다.

공부, 어떻게 해야 하는가?

공부(工夫)란 "무엇인가를 배우는 것이 아니라 각자의 강점을 나누는 것"(필립스 엑시터 아카데미)이라고 한다. 지금까지 경험한 것들을 뒤돌아보며 성찰(省察)하는 공부가 필요하다는 의미다.

'온고이지신(溫故而知新)'의 마음으로 평생학습한다는 의미로 해석된다. 경륜과 경험으로 깊어지되 마음을 열어야 한다. 내가 모르는 분야가 더 많다는 것을 인정하며 언제나 자세를 낮추고 새로운 것에 익숙해질 수 있도록 노력해야 한다.

공부란 "근본을 깊이 파고들어 성장할 수 있는 높이를 준비하는 작업"이다. '군자무본 본립도생(君子務本 本立道生)', 즉 군자는 근본(根本)에 힘써야 하고, 근본이 서면 도(道)가 생긴다 〈논어〉 학이 2편에 나오는 말이다. 뿌리가 튼튼하게 서면 가는 길을 알 수 있다는 의미로도 해석된다. 나무의 줄기는 위로 향하지만 뿌리는 아래로 향하고 가지는 옆으로 뻗어 꽃이 피고 열매를 맺는다. 나무의 뿌리는 줄기와 가지의 근본이 되며, 아래로 파고든 뿌리의 깊이는 줄기가 위로 성장할 수 있는 높이를 결정한다. 깊이 없는 높이는 사상누각이다.

> 깊이 뿌리를 내려야 세찬 바람에 흔들려도 넘어지지 않을 것이다. 공부도 깊이 파고들어 근본을 잡아 놓아야 유혹에 흔들리지 않고, 시련과 역경에 무너지지 않고 앞으로 나아 갈 수 있다. 공부는 뿌리를 찾기 위해 깊이 파고들되 넓이를 동시에 추구해야 한다. 깊이 파고드는 공부를 한다고 넓이 없이 깊이만 파는 공부만 하면 기피대상이 될 수 있다. 깊이 없는 넓이는 참을 수 없는 가벼움이며 넓이 없는 깊이는 견딜 수 없는 답답함이다.
>
> – 유영만, 〈나무는 나무라지 않는다〉, 2017.

자신의 전공분야를 파고들어 어느 정도 경지에 이르러야 다른 분야를 만나도 내 주관으로 합리적 의심을 하고 비판할 수 있는 자신감이 생긴다. 그 다음에 다른 분야와 융합을 시도해야 새로운 창조적 지식융합이 일어날지를 예측할 수 있다.

깊이 없는 무분별한 학문적 접목은 이것도 저것도 아닌 미천한 논리와 지식을 양산할 뿐이다. 전공에 대한 내공을 쌓아야 더 깊은 곳을 더 넓게 파고들어 가는 관점이 생길 수 있다. 경험은 분명 값진 것이지만, 나누는 가치를 인정받을 때 진가가 나타난다. 익숙한 것으로부터 벗어나는 준비도 필요하다. 함께하는 노력도 필요하다. 혼자보다는 둘이 좋다. 둘보다는 셋이 더 좋다. 이들과 협업(協業)할 수 있는 공부방법이 새로운 방법으로 대두되고 있다.

유대인들은 이를 하브루타 학습방법으로 발전시켰다.

'공부' 잘하는 일곱 가지 방법

"학교 다녀오겠습니다"라는 인사를 하고 나가는 아이에게 "공부 잘해라"라며 손을 흔들어 주었다. 몇 발짝을 가다 아이가 돌아서며 엄마 "어떻게 하면 공부 잘하는 거야?"라고 물었다.

느닷없는 질문에 잠시 머뭇거리다가 "열심히 하는 거야"라고 말했다. "네" 하고 뒤돌아서 가던 아이가 또 몇 발짝을 가다가 "엄마, 어떻게 하는 것이 열심히 하는 거야?"라는 질문을 해왔다. 난감했다. 이를 어떻게 설명해야 할까? 잠시 생각하다 "최선(最先)을 다하는 것이 열심히 하는 것"이라고 말했다. 아이는 더 이상 질문이 없이 학교에 갔다.

아이를 보내 놓고 아이와 나눴던 말을 생각해 보았다. "열심히 하는 것, 최선을 다하는 것"이 과연 공부 잘하는 방법일까? "최선(最先)을 다하는 것이 열심히 하는 것을 쉽게 설명하는 말일까?" "최선(最先)을 다하는 것과 열심히 하는 것"의 개념(槪念)은 어떻게 다르며, 이를 공부 잘하는 것과 어떻게 연결시킬 수 있을까?

탈무드에는 "아는 것을 말로 표현하지 못하면 모르는 것이다"라는 말이 있다. 그동안 '잘'이라는 의미를 일상에서 많이 쓰면서 살았다. 많은 대화 중에 가장 자주 쓰이는 말이 '잘'이라는 단어일 것이다. "마음을 잘 쓰라, 잘 먹었다, 운동을 잘한다, 잘해라, 잘 가라, 마침 잘 왔다, 잘 논다, 잘 생긴 얼굴이다, 공부 잘한다" 등 일상의 대화에서 자주 등장하는 단어다.

스티븐 코비는 성공하는 사람들의 자세를 '7가지 습관'을 예시로 들어 설명하고 있다.

> 첫째, 자신의 삶을 주도하라.
> 둘째, 끝을 생각하며 시작하라.
> 셋째, 소중한 것을 먼저 하라.
> 넷째, 승-승을 생각하라.
> 다섯째, 먼저 이해하고 다음에 이해시켜라.
> 여섯째, 시너지를 내라.
> 일곱째, 끊임없이 쇄신하라.
>
> – 스티븐 코비, 〈성공하는 사람들의 7가지 습관〉, 2017.

공부에 '잘'이라는 단어를 사용할 때도 개념을 이해할 수 있는 말을 할 필요가 있다. '하브루타 러닝'에서는 '공부 잘하는 방법'으로

'생각하는 것'을 기본으로 각각의 개념을 가진 7가지 키워드로 설명하고 있다.

즉, 생각하고 '질문 → 대화 → 토론 → 논쟁 → 협상 → 정리 → 발표'하는 과정을 거쳐 완전학습에 다가가는 것이라고 설명하고 있다(최일수, 하부르타 러닝). 그동안 우리나라 교육을 한 마디로 표현하면 '주입식 공부'방법이었다. 선생님 말 "잘 듣고, 외우고, 시험보고, 잊어버리는" 공부방법이라고 말하고 있는 것이다. 생각하지도 않고, 질문도 없고, 토론도 없다. 합리적 비판도 허용되지 않는다. 예시문 중에서 선생님이 정해 놓은 한 가지 정답만 찾으면 된다.

공부방법만 바꾸면 우리도 유대인을 앞설 수 있다. 주입식 공부방법으로는 더 이상 발전을 기대할 수 없다. 생각하는 공부방법이 선택적 대안이다.

격물치지의 이해

격물치지(格物致知)란 우주와 만물의 원리를 이성적으로 사고하고, 과학적으로 탐구하여 진리를 발견하는 학습방법이다.

격물치지의 핵심은 '사물(事物)'의 '이치(理致)'를 끝까지 파고들어 '완전한 앎'에 이른다는 의미다. 여기서 '사물'은 우주, 생명, 물질, 에너지 등을 의미하며, '이치'는 근본원리(根本原理)를 말한다. '파고듦'은 이성적 사고(理性的 思考)와 과학적 탐구(科學的 探求)를 동시에 시도하는 것을 의미한다. '완전한 앎'이란 진리(眞理)를 의미한다.

격물치지의 세 가지 학습방법

첫째, 글자나 단어의 이치(理致)나 개념(概念)을 파고든다.

책이나 텍스트(계약서, 공문서 등)를 읽는 중에 그 의미를 깨닫기 어려운 단어나 글자를 만나면 그 단어나 글자의 근본 뿌리를 알고, 그 글자가 쓰인 문장이 완벽하게 이해될 때까지 치열하게 연구하고 사색한다.

둘째, 글자나 단어가 활용된 사례나 역사적 이치를 파고든다.

글자나 단어가 쓰인 다른 글이나 문장을 비교하여 문장 내에서 쓰인 의미를 완전히 분석하고 이해한다.

셋째, 실제로 우주와 사람과 만물의 이치를 파고든다.

- 세종대왕은 언어의 이치를 파고들어 한글을 창제했다.
- 아인슈타인은 우주와 시공간의 이치를 파고들어 상대성이론을 발표했다.
- 빌 게이츠는 컴퓨터의 이치를 파고들어 새로운 컴퓨터시대를 열었다.
- 이건희는 업(業)의 이치를 파고들어 삼성을 세계일류기업으로 만들었다.

개념(概念) 공유와 소통(疏通)

대학 1학년 첫 수업시간에 교수님의 질문이 아직도 기억에 남아 있다. '애(愛)'자를 흑판에 써놓고 개념을 설명하라는 질문을 던져 놓고 학생들의 시선을 주시하고 있었다. 10초, 20초의 시각이 지나도 쉽게 답하는 학생이 없었다. 이 정도가 무슨 질문인가?라는 표정을 짓는 학생도 있었다. 그러나 교수님은 심각했다. 행정학을 공부하는 학생들이 개념을 이해한다는 것은 학습의 출발점이기 되기 때문이라는 말씀도 했다. 잡다한 답변이 지난 후에 교수님이 직접 개념(槪念)이란 한자의 의미를 풀이하기 시작했다.

평미레 개(槪)

이는 "말이나 되에 곡식을 담고 그 위를 평평하게 밀어 고르게 하는 데 쓰는 방망이 모양의 기구"라는 의미의 한자 뜻 풀이이다. 어려서 시골에 살았지만 평미레라는 말은 자주 듣지 못했다. 사진과 함께 평미레를 보고 이해할 수 있었다.

쌀 10되를 '고봉(高捧)'으로 담아 보면 담는 사람이나 횟수에 따라 10되의 양(量)이 일정하지 않다. 그러나 쌀 10되를 '깨끼'로 담아 보면 누가 담아도, 횟수에 관계 없이 10되의 양(量)이 일정함을 알 수 있다. 이때 깨끼로 담을 수 있도록 '평평하게 밀어주는 둥근 막대가 평미레'이다.

따라서 '개념'이란 "학습이나 경험을 통하여 습득된 지식이 다른 사람과 공유할 수 있는 상태", "어떤 사물이나 현상에 대하여 일반적으로 공유된 지식"이라고 정의할 수 있다.

의사소통(意思疏通)에서 가장 중요한 것은 사용하는 말이나 글의 개념이 공유되는 것이다. 개념이 공유되지 않은 상태에서 소통은 불가능하다. 내가 하는 말이나 글의 의미를 상대방이 알고 있을 것이라는 추측으로 시작하면 소통은 이루어지지 않고 갈등만 남는다.

그래서 개념을 이해하는 것은 중요한 학습대상이다.

최근의 사례가 개념화와 소통관계를 잘 설명하고 있다.

'남북한 비핵화 회담, 미국과 북한 간의 비핵화 회담'에서 '한반도 비핵화'라는 개념에 대한 정확한 공유 없이 각자 생각하는 관념에 따라 협상이 진행되었다. 특히 미국과 북한 간의 2차례 정상회담에서 '한반도 비핵화에 대한 개념 공유' 실패로 중요한 회담이 결렬되는 사태를 맞고 있다.

이와 같이 개념의 공유는 커뮤니케이션과정에서 대단히 중요한 요소이다.

> "개념을 이해하고 글로 표현하는 것은 창에 서린 성애를 닦아 내는 작업과 비슷하다." 흐릿하고 모호했던 개념이 글을 쓰면서 서서히 명확하게 윤곽을 드러내기 시작한다. 어떤 글이든, 메모든, 편지든, 쪽지든 무언가를 쓰면서 비로소 진정으로 자신이 무엇을 말하고자 하는지를 깨닫는다.
>
> – 윌리엄 진서, 〈공부가 되는 글쓰기〉, 2017.

말하는 것도 마찬가지다. 생각하지 않고 의미 있는 말을 할 수 없다. 생각하지 않고 의미 있는 글을 쓸 수도 없다. 그래서 개념을 생각하고 배우는 공부가 먼저이다. 아는 것을 말로 표현하다 보면 정확한 개념을 이해할 수 있게 된다.

2. 신중년과 하브루타 러닝

교육의 유형을 교육 장소를 기준으로 '가정교육, 학교교육, 사회교육'으로 구분한다. 이러한 교육 유형 중 가장 중요한 교육이 무엇인가라는 질문에 스스럼없이 가정교육이라고 말한다. 에드워드 기번(Edward Gibbon)의 〈로마제국 쇠망사〉에서는 천년제국 로마가 붕괴된 중요한 원인으로 가정의 붕괴로 인한 가정교육이 사라진 것이 원인이라고 했다.

우리나라의 가정교육의 현실은 어떠한가? 아이들은 대부분의 시간을 학교나 학원에서 보낸다. 집에서는 식사하고, TV 보고, 잠자는 것이 대부분이다. 학교에 가지 않는 날이면 학원에 가거나 게임을 하거나, 친구하고 놀며 시간을 보낸다. 가정교육이 가장 중요하다고 하면서 '집(house)은 있으되 가정(home)'은 없다. 가정교육이 중요하다는 것을 인식하면서도 가정에서 누가 무엇을 어떻게 교육해야 하는가에 대한 방법은 없다.

OECD는 2000년부터 매 3년마다 15세 되는 중학생들을 대상으로 읽기, 수학, 과학 등의 학업성취도를 평가한 세계 학력평가(PISA)보고서를 발표한다. 2012년 조사결과 한국은 34개국의 OECD 회원국 중에서 읽기 1위, 수학 2위, 과학 4위를 기록했다. 그러나 이스라엘은 읽기 26위, 수학 30위, 과학 30위에 머물렀다.

15세인 중학교 3학년 때 이런 성적을 거두는 유대인들이 어떻게 하버드를 비롯해 아이비리그 대학생의 30% 정도를 차지하고, 노벨상 역시 30%를 차지하는지 의문이 든다. 읽기나 수학, 과학 성적에서 세계에서 1, 2위를 차지하고 세계 올림피아드에서도 역시 1, 2위를 차지한 대한민국의 아이들이 하버드대학을 비롯한 아이비리그 대학생 숫자가 이스라엘보다 더 많아야 하고, 노벨상 수상자도 더 많아야 하는데 그러지 못하는 이유는 과연 무엇 때문일까?

유대인 자녀들은 좋은 성적을 받고 높은 등수를 차지하고 지식을 외우고 시험 보기 위해 공부하는 것이 아니다. 그들은 '난 사람'이 아닌 '된 사람'을 기르는 것이 교육의 목표다. 유대인의 자녀교육은 "아무도 보는 사람이 없는 곳에서도 법을 지키는 사람, 바르게 생각하며 바르게 행동하는 사람을 세우는 것"이 교육의 기본적인 모토이다.

왜 그럴까? 그들이 믿는 하나님이 항상 보고 계신다는 것을 믿는 영성(靈性)교육을 기반으로 영 · 유아 때부터 가정교육을 해왔기 때문이다. 유대인의 교육은 물질적으로 잘 살기 위한 방법을 교육하는 것이 아니라 다른 사람과 함께 바르게 사는 것을 가르치는 인간중심의 교육이 기본이다. 즉, 목표나 결과보다 과정을 중요하게 생각하는 교육이다.

유대인들에게 훌륭한 교육의 비결이 무엇인가라고 물으면 대부분이 "대화와 토론으로 학생 스스로 깨닫도록 한다"라고 대답한다. 학교에서 선생님들이 주제에 대해 학생들의 의견을 묻고 토론을 유도한다. 대학에서도 학생과 교수 사이에 토론을 통해 머리싸움을 한다. 가정에서도 아버지와 함께 학교에서 배운 내용을 중심으로 대화하고 토론하며 스스로 깨닫는 시간을 가진다.

그들은 학교와 가정 외에 학원에서 공부하는 것은 없다. 그들의 가장 중요한 교육은 가정교육이다. 2천년 동안 국가가 없을 때도 가정 중심의 가정교육은 있었다. 이들의 가정교육이 1948년 이스라엘을 재건(再建)하는 원동력이 되었다.

유대인 교육의 비결인 대화와 토론 중심의 교육을 '하브루타' 러닝이라고 한다. 우리나라에 하브루타 교육이 공식적으로 소개된 시기는 고 전성수 교수가 주축이 되어 하브루타교육협회가 설립(2013년)된 이후부터라고 할 수 있다.

하브루타란 '친구, 짝'이라는 의미를 가진 히브리어이다. '하브루타 러닝'이란 짝을 지어 "질문하고, 대화하고, 토론하고, 논쟁하며 스스로 진리에 다가가는 학습방법"이라고 정의하고 있다.

하브루타 러닝은 서로가 공유할 수 있는 궁금증을 해소하기 위해 가벼운 질문을 던지는 이야기로부터 시작된다. 또한 그들은 시간과 장소를 가리지 않고 하브루타 러닝을 한다. 가정에서든, 학교에서든, 회당에서든, 길거리에서든 기회만 주어지면 아버지와 자녀가 짝을 짓거나, 어머니와 자녀가 짝을 짓거나, 친구끼리 짝을 짓거나, 선생님과 짝을 지어 토라(모세5경)나 탈무드뿐 아니라 일상생활에 대하여 하브루타 러닝을 한다. 이것이 유대인 자녀교육의 기본이다.

일방적으로 주입식 강의를 듣거나, 혼자서 문 닫고 밤새워 외우고 암기하여 시험을 잘 보는 그런 교육이 아니다. 철저히 원리를 이해하고, 궁금증이 해소될 때까지 하브루타 러닝을 통해 궁금증을 해소하고 진리에 다가가려고 노력한다.

유대인의 하브루타 러닝은 아이를 잉태하기 전부터 시작된다.

"스승의 10년 가르침보다 어머니 뱃속의 10개월이 낫다"(〈태교신기〉, 조선시대 사주당 이씨)라는 우리 선조들의 가르침도 있지만, 유대인들은 태담(胎談)을 통하여 태아와 어머니가 하브루타 러닝을 한다. 산모는 태아와 태담을 하며 토라를 수놓는 강보를 직접 만든다.

태어나서 5세까지는 어머니가 중심이 되어 쉐마(Shema: 어머니가 읽어 주는 것을 듣는 것)를 통하여 하브루타 러닝을 한다. 5세부터 12세까지는 아버지가 중심이 되어 하브루타 러닝을 하며 토라와 탈무드를 배운다. 유대인 자녀들은 이러한 과정을 통하여 인간의 삶에 가장 기본이 되는 영성(靈性)과 인성(人性) 중심의 교육을 철저히 받기 때문에 그 다음에 주어지는 지식 중심의 전문성과 창의성 교육은 별 어려움 없이 받아들이게 된다.

최근 우리나라에 나타나고 있는 여러 가지 사회적 병리현상의 모든 실체를 보면 궁극적으로 "인성교육과 소통의 부재"가 가장 큰 문제라고 생각된다. 교육현장에서의 가장 큰 문제는 "질문 없는 일방적 주입식 교육, 토론 없는 암기 위주의 교육"이다. 생명이 지척에 달렸는데도 다른 생각 한 번 못해 보고 기다리라는 말만 믿고 죽어간 세월호 사고가 다시는 반복되어서는 안 될 것이다.

이제 공부하는 방법부터 바꿔야 한다. 학생만이 아니라 선생님, 학부모, 직장인 등 국민 모두가 함께 참여해야 한다. "잘 듣고, 외우고, 시험 보고, 잊어버리는 교육"이 아니라 "질문하고, 대화하고, 토론하고, 논쟁하고, 협상하고, 정리하여 발표하는" 새로운 공부방법으로 아이들이 스스로 미래를 준비하도록 해야 할 것이다.

이미 검증은 끝났다. 자동차바퀴가 왜 둥글까? 하며 고민할 시간은 없다. 아이들에게 인성교육만 가르친다고 될 일은 더욱 아니다. 부모와 전 국민이 함께 인성행동(人性行動)을 실천하는 것만이 가장 빠른 길이다.

'하브루타 러닝'으로 그 해결책을 찾아라

신중년의 새로운 도전도 하브루타 러닝으로 준비할 것을 권한다. 인생 2막의 성과를 정리하는 것은 하브루타방법이 가장 효과적일 것이다. 스스로 질문하고 스스로 답을 찾는 것은 한계가 있다. 하브루타 러닝방법으로 과거의 성과를 정리하면 내가 알지 못했던 숨어있던 특성도 발견할 수 있을 것이다. 다른 사람 입장에서 바라본 나의 특성도 발견할 수 있다. 상호비교를 통하여 다름을 발견할 수 있다.

새롭게 맞이하는 인생 3막은 나(me) 중심에서 우리(we) 중심의 상호관계를 중시하는 삶이 될 것이다. 내가 가진 달란트(역량)를 필요로 하는 후배들에게 아낌없이 나눌 수 있을 때 존재감을 찾을 수 있을 것이다. 백사장의 모래는 움켜지는 것보다 손바닥을 펴서 담을 때 더 많은 모래를 담을 수 있는 것과 같은 이치이다.

3. 네 자녀를 부지런히 가르치라!

재취업을 위한 일자리도 중요하지만, 하나님이 기업으로 주신 자녀와 면류관으로 준 손주를 돌보는 일도 인생 3막을 살아야 하는 신중년에게 맡겨진 새로운 과제로 대두되고 있다. 내 주변 친구들 중 30~40%는 이러한 과제에 직면해 있다.

자녀들의 맞벌이로 손주 돌보기와 어린이집, 유치원, 초등학교 등하교 돌봄은 물론 그들과 함께 대화하고 학업을 돌보는 일이 신중년에게 맡겨진 새로운 과제이다. 이들과 어떻게 소통하고, 어떻게 가르칠 것인가는 신중년이 넘어야 할 새로운 학습과제이기도 하다. 유대인이 3,500년 동안 지켜 온 하브루타 러닝방법을 배워 활용하는 것은 새로운 도전이 될 수 있을 것이다.

우선 유대인의 문화를 이해하고 하브루타 원리를 이해하는 것이 중요하다. 유대인의 문화를 이해하기 위해서는 토라와 쉐마를 먼저 이해해야 한다. 히브리어로 '토라'는 모세5경을 말하며, '쉐마'는 "듣는다, 들어라"라는 의미다.

유대인은 아이가 태어나 말을 시작할 때부터 부모들은 가장 먼저 토라를 가르친다. 토라(신명기 6장 7절)에는 분명히 "네 자녀를 부지런히 가르치라"라고 기록하고 있다. 또한 탈무드에는 "만약 아이가 말을 하기 시작하면 아버지는 아이에게 토라를 가르치고, 암송하게 해야 한다"라고 말하며, 아버지에게 토라를 가르치는 책임을 부과하고 있다. 아버지가 자녀에게 토라를 가르치는 일은 하나님이 명령한 의무라고 생각한다. 그래서 유대인 문화에서 아버지가 자녀를 가르치는 것은 자연스럽고 일상적인 전통이다.

유대인들은 AD 70년 로마제국의 침략을 받아 예루살렘이 점령당하면서 2천년 동안 나라 없이 전 세계를 떠돌며 사는 신세가 되었다. 2천년이 넘는 세월 동안 전 세계에 흩어져 다른 나라 백성으로 살아야 했던 유대인들이 고난의 세월을 보냈음에도 1948년 제2차 세계대전 종전과 함께 어떻게 그들의 옛 땅에 이스라엘이라는 나라를 재건하여 오늘날 창조경제의 중심국가로 발전할 수 있었을까? 흔히 종교의 힘일 것이라고 말하지만, 나는 그렇게 생각하지 않는다. 한 나라가 다른 나라에 정복당하면 가장 먼저 통제받는 것이 언론기관, 교육제도, 종교시설 그리고 그 나라의 지식층 인재들이다.

우리나라가 일본으로부터 36년간 식민지배(植民支配)를 받았을 때도 가장 먼저 언론이 통제되고 날조되었고, 교육내용은 근본부터 바뀌었다. 역사교육은 뿌리부터 말살당하였고, 한글은 아예 쓰지 못하게 하고, 이름도 일본식으로 바꾸게 했다. 이른바 식민사관(植民史觀)을 가르치며 과거의 전통과 역사, 문화를 바꾸며 민족의 정체성을 바꾸는 것이 먼저였다. 이스라엘에 비하면 36년은 짧은 기간이다. 그럼에도 우리나라는 일제 잔재를 뿌리 뽑지 못하고 각 분야에서 70년이 넘도록 노력해도 그 폐해는 아직 남아 갈등의 한 요인으로 작용하고 있다.

이스라엘은 우리나라보다 훨씬 오랜 기간인 2천년 동안이나 나라 없이 살았지만, 그들은 가정이라는 소중한 보금자리만은 지켜 왔다. 학교도 없고 선생님도 없었지만 그들에게 가정은 성전이었고 학교였으며, 아버지는 교사였고 랍비였고 대제사장이었으며, 식탁은 예배드리는 재단이었다.

안식일이 시작되는 금요일 저녁은 온 가족이 함께 모여 식사를 나누면서 한 주간에 있었던 일들을 중심으로 이야기하고 질문하며 대화를 이어 간다. 종교적 문제뿐 아니라 일상적인 과제도 서로의 의견을 나누며 '밥상머리교육'이 이루어지는 것이다. 이것이 2천년 동안 이어져 이스라엘의 재건과 발전의 기틀이 되었다.

따라서 이스라엘 교육에서 가장 중요한 것은 가정교육이라고 할 수 있다. 유대인 정체성 형성의 핵심에는 부모가 있었다. 특히 아버지의 역할이 매우 컸다. 유대인 가정에서 아버지의 권위는 대단히 중요하다. 아버지는 아이에게 마음의 기둥이며 버팀목이다. 아버지는 가정에서 아이들과 대화하는 하브루타(짝)가 된다. 때문에 서로 거리낌없이 대화하는 것을 가정에서부터 배우게 된다.

유대인의 삶의 지침이 되는 토라와 탈무드를 가르치는 사람 역시 아버지다. 유대인 아버지는 항상 자녀들에게 지식과 지혜를 가르치고 아버지가 책 읽는 모습을 아이가 어릴 때부터 보고 배울 수 있도록 본보기를 보여 준다. 이와 같이 유대인에게 가장 훌륭한 스승은 학교선생님도 학원선생님도, 종교지도자인 랍비도 아닌 그들의 부모님이다.

자녀들은 아버지를 통해 조상들이 겪은 고난의 역사와 전통과 가족문화를 익히며 배운다. 이러한 영성(靈性)과 인성(人性)교육이 바탕이 되니 자녀와의 소통은 자연스럽게 형성되는 것이다.

문제가 있으면 곧 바로 질문과 토론으로 이어져 해결방안을 찾는다. 혼자서 고민하지 않는다. 아이에게 지식만 전달하는 것이 교육의 전부가 아니다. 어떻게 배울 것인가 하는 방법까지도 가르쳐 준다면 더 이상 바랄 것이 없을 것이다. 그런데 우리나라의 부모들은 정형화된 지식을 아이들의 머릿속에 넣어 주고, 시험문제를 잘 푸는 요령과 기술을 배우기를 원한다.

학교나 학원 심지어 가정에서도 "잘 듣고, 외우고, 시험 잘 보도록" 가르치는 것이 교육의 전부인 양 믿고 있다. 그래서 아이들의 꿈도, 부모님들의 꿈도 좋은 학교에 진학하여 좋은 직장에 취업하는 것이다.

꿈 넘어 꿈에는 관심도 없는 것인가?

인생 3막을 살아가는 신중년의 중요한 역할 중 하나가 나로부터 출발하는 새로운 가정의 기틀을 마련하고, 가정 공동체로서의 정체성을 확립하기 위해 "네 자녀를 부지런히 가르치라!"는 사명을 충실히 감당해야 할 것이다.

4. 질문으로 말문을 열게 하라!

미국의 오바마 대통령을 당황시킨 사건이 한때 유튜브에서 인기를 끌었다. 한국을 방문한 오바마 대통령이 내 · 외신 기자회견을 마치고 한국기자에게 질문할 수 있는 특별한 기회를 주었다. 첫 번째, 두 번째, 무려 다섯 번의 기회를 주었으나 단 한 명의 기자도 손을 들고 질문하지 않았다. 여섯 번째 중국기자가 손을 들고 질문을 하겠다고 했다. 그러나 오바마 대통령은 다시 한 번 한국기자의 질문을 기다렸다, 그러나 한국기자는 아무도 손을 들지 않았다.

마침내 중국기자가 자신이 한국기자의 동의를 얻어 질문하겠다고 했으나 오바마 대통령은 영어를 잘 못하면 통역이 있으니 한국어로 질문해도 된다고도 했다. 그러나 단 한 명의 한국기자도 질문하지 않았다. 왜 이런 현상이 일어났을까? 혹시 한국기자들이 영어를 못해서 질문을 못했을까? 아니면 질문할 소재가 없어서 질문을 하지 않았을까? 이것도 아닐 것이다. 그렇다면 두려움 때문일까? 소심해서 그럴까? 유튜브 영상을 보면서 나 스스로 부끄럽다는 생각까지 들었다.

우리 학생들이 수업시간에 질문하지 못하는 이유를 이 동영상 속 한국기자들의 모습과 비교해 그 원인을 정리해 보자.

첫째, 질문하는 것은 내가 부족하다는 것을 남들 앞에서 드러내야 하는 부담감 때문에 몰라도 아는 것처럼 행동한다.

둘째, 다른 사람들이 뭐 저런 질문을 하느냐? 말은 하지 않지만 비아냥거리거나 눈치를 준다.

셋째, 내가 먼저 수업 분위기를 깨고 손을 들고 질문하지 못한다.

넷째, 우리 학생들에게 질문 그 자체는 답이다. 어떤 상황에서 어디까지 질문이 용인되고, 어떤 질문을 할 수 있을까? 어떻게 하면 질문을 잘할 수 있을까?라는 고민을 하기 때문이다.

다섯째, 다 같이 질문을 안 하는 분위기니까 질문을 하면 자신에게 시선이 집중되는 것이 부담스럽다.

여섯째, 혹시 내가 질문을 해서 수업 분위기를 망치지는 않을까 하는 생각이 든다.

이에 반해 한 미국학생에게 "수업시간에 질문을 하면 수업에 방해가 된다고 생각해 본 적이 없나요?"라는 질문을 했다. 이 질문에 학생은 "저는 배우기 위해 대학에 왔습니다. 만일 제가 강의내용을 이해하지 못한다면 반드시 질문을 해서 이해가 될 때까지 노력합니다"라고 말했다.

한국학생과 미국학생 사이에 다른 점은 무엇인가?

그동안 받아 온 교육의 결과라고 치부하기에는 너무나 안타깝다. 나보다 강한 사람이나 나보다 학식이 높은 사람에게 궁금한 것을 당당하게 질문하지 못하고 오직 그들이 들려주는 말이 진리이며 전부인 양 무비판적으로 받아들이도록 교육해 온 학습의 결과라고 생각된다.

이제는 바꿔야 한다. 더 이상 무비판적인 주입식 교육에서 벗어나도록 교육방법을 바꿔야 할 것이다. 교육인프라, 부모의 열정, 교육제도 등 모든 여건은 이미 다 준비되어 있다. 아이들의 말문만 트이면 된다. 모르는 것을 부끄럽게 생각하지 않고 당당하게 질문하는 방법만 가르치면 된다.

가정에서는 아이들이 가진 호기심의 싹을 키워 주자. 학교에서는 환경을 조성하여 질문하는 분위기를 만들어 주자. 선생님의 일방적인 주입식 교육이 아니라 아이들이 스스로 "질문하고 토론하며 참여하여 논쟁을 통하여 협상하며 결과에 순응하는 자세"를 배우도록 학습 분위기를 만들어 주자. 더 이상 "잘 듣고 외우고 시험 보고 잊어버리는 교육"이 아니라 질문과 대화, 토론을 통하여 스스로 비판적 사고를 기를 수 있는 학습이 필요하다.

아인슈타인은 "질문은 우리가 모르고 지나칠 뻔한, 하지만 반드시 알아야 하는 진실의 속살을 드러낸다. 마법사가 드리운 검은 커튼을 걷어내고 정확하게 현실을 볼 수 있는 시각을 가져다주는 것이다"라고 말했다. 또한 "새로운 의문의 제기, 새로운 가능성의 타진, 기존의 문제를 새로운 각도로 바라보는 것은 창조적인 상상력을 필요로 하며, 과학의 진정한 진보를 이루는 요소다"라고도 말했다.

No Question, No Learning

- 질문이 없는 삶은 죽은 삶이나 다름없다.
- 묻지 않으면 대답할 것도 없다.
- 질문은 내가 얻고자 하는 대답을 포획하는 그물이다.
- 질문이 죽으면 호기심이 죽고, 호기심이 죽으면 상상의 날개가 꺾이고, 상상의 날개가 꺾이면 창의력은 싹조차 틔우지 않는다.
- 공부란 세상을 향해 질문의 그물망을 던지는 것이며, 이때 질

문의 크기는 내 삶의 크기를 결정한다.

- 질문하는 사람은 5분 동안 바보가 될 수도 있지만, 질문하지 않는 사람은 영원히 바보로 남는다.

청소년과 온 국민이 배워야 할 인성 덕목으로 '커뮤니케이션역량, 비판적 사고능력, 창의적 사고능력, 문제해결능력, 직업윤리, 기업윤리, 직업관, 기업가정신 등이 제기된다. 300명이 넘는 인명이 희생되었음에도 무엇을 배워야 할 것인가를 깨닫지 못한다면 제2의 세월호 같은 사고는 어떻게 막을 것인가?

잘 듣기만 하는 교육의 병폐를 적나라하게 보여 준 사건이 세월호 사고로 죽어간 아이들이다. 구명복을 입었다는 것은 물속에 뛰어들 준비를 했다는 것이다. 그런데 아무도 바다에 뛰어들라는 말을 하지 않았기에 그들은 행동으로 옮기지 못했다. 그래서 더 많은 희생자가 발생한 것은 아닐까? 선생님과 부모님 말씀을 잘 듣는 것은 중요하다. 그러나 판단은 본인이 해야 하는 것이다.

5. 나라를 되찾은 '가정(home)'교육

전 세계 5000년 역사를 뒤돌아 볼 때 고대 국가 중에서 오늘날까지 나라 이름이 존속된 국가는 이스라엘이 유일하다. BC 8세기경 지중해 연안을 중심으로 탄생한 '로마'가 강력한 국가로서의 입지를 굳히게 된 시기는 BC 510년 공화정기(共和政期)부터다.

모든 길은 로마로 통한다는 팍스 로마나를 구가하며 약 800년 동안 강력한 왕국을 누렸으나, AD 245년 가이우스 디오클레티아누스(245~316)가 황제가 되면서 로마제국은 4등분되었다. 마지막 세력이었던 비잔티움제국(동로마제국)마저도 1,453년에 몰락을 맞이하고 지구상에서 국가로서의 존재가 사라졌다. 영원히 존재할 것 같았던 로마제국은 왜 스스로 멸망하였을까?

'가정'의 몰락이 로마 멸망의 원인

무력과 총칼로 일어난 나라는 또 다른 무력과 총칼에 의해 멸망한다는 교훈을 역사에서 배웠다. AD 70년에 로마에 의해 멸망한 이스라엘은 1945년 세계 제2차 대전이 끝난 이후까지 2천년 동안 나라 없는 민족으로 살아왔지만 그들은 '가정(home)'이라는 소중한 가치를 유지해 왔다.

전 세계에 분산되어 나라 없이 기본적 삶만 유지해 왔지만 그들이 잃지 않고 지켜 온 것은 오직 가정이었다. 어디에 사는 것도 중요했지만 그들이 지켜 온 가정은 생존을 위한 마지막 보류였다. 그들에게 가정은 곧 국가였으며, 학교였으며, 성전(聖殿)이었다. 부모는 교사였으며, 대제사장(大祭司長)이었다. 그들에게는 토라(모세5경)와 탈무드가 있었다. 토라와 탈무드는 그들이 배우고 익혀야 하는 역사며, 전통이며, 삶을 지탱해 주는 율법이었고 필수교과서였다.

아이들은 토라와 탈무드를 가정교육을 통하여 부모에게서 배웠다. 3대가 함께 하는 격대교육(格代敎育)을 통하여 가정교육은 2천년 넘게 이어져 왔다. 그들이 배우는 공부는 무엇을 성취하고 다른 사람과 비교하며, 경쟁하며, 더 잘 살고, 더 행복하게 살기 위해 하는 공부가 아니라 '배움' 그 자체가 공부하는 목적이었다. 이스라엘 학생들은 왜 공부하는가?라는 질문에 "토라와 탈무드를 배우고 실천하기 위해서" 공부한다는 말을 스스럼없이 한다.

배우고 익힌 것을 다른 사람(자녀)과 나누기 위해 공부한다는 것이다. 아이들 교육은 어머니 뱃속에 있을 때부터 시작된다. 이것이 태담(胎談)이다. 아이와 어머니가 끊임없는 대화를 하는 것이다. 토라를 읽어 주며 율법을 실천하며 일상적인 행동 하나까지 부모로서 본보기의 대상이 될 수 있도록 한다.

머리 위에서 항상 하나님이 지켜보고 있다는 생각을 잊지 않고 생활하도록 가르친다. 유대인의 교육원리를 '4성교육'에서 찾을 수 있다. '영성+인성+전문성+창의성'이 4성교육의 핵심이다. 어릴 때부터 토라와 탈무드를 기본으로 하는 '영성교육'과 613가지 율법으로 이루어져 있는 '인성교육'은 철저히 가정교육을 통하여 부모로부터 그 기본을 배우고 익힌다.

자율적 판단력은 가정(home)교육에서 배운다

영성과 인성을 가정에서 배우고, 학교교육을 통하여 전문성과 창의성을 배운다. 영성과 인성이 기본이고 바탕이다. 힘들고 어려움에 직면하면 영성과 인성교육의 기본으로 돌아가 스스로 판단한다. 스스로 판단하고 결정하는 방법을 어릴 때부터 배우고 익힌 가정교육 덕분이다.

우리나라에서도 인성교육이 핵심이슈로 등장하고 있다. 대학진학은 물론, 직업생활과 취업준비과정에서 인성역량이 가장 중요하게 대두되고 있다. 기업의 대졸 신입사원 채용과정에서 중요시하는 영역도 인성역량이 60%, 전공역량 40%로 나타나고 있다.

아무리 전문역량이 우수해도 인성역량이 부족하면 채용하지 않겠다는 기업이 절반을 넘고 있다. 대학입시에서도 학교성적과 인성역량을 동시에 고려하는 비중이 늘어나고 있는 추세다. 최근 비교과 영역의 성적을 학부모와 교사가 결탁하여 허위로 작성한 자녀의 성적이 발각되어 대학입학이 취소되고 아이의 미래는 혼란스럽고 불투명해진 사례가 인성행동의 중요성을 나타내는 단면이다. 조작된 성적으로 대학에 진학하겠다는 발상부터가 문제이다. 어릴 때부터 나만 생각하는 극단적 이기주의가 부모는 물론 아이의 장래에 돌이킬 수 없는 오점을 남긴 것이다.

부모나 어른들의 이러한 행위를 보고 아이들은 무엇을 배울 것인가? 아이들은 "부모의 등을 보고 성장하고, 후배는 선배의 그림자를 보고 성숙한다"는 말이 있다.

부모의 등 뒤에서 무엇을 보고 배울 것인가?

유대인들의 인성교육에는 〈토라〉와 〈탈무드〉라는 분명한 지침서가 있다. 과거 우리나라에도 삼강오륜(三綱五倫)이라는 가정교육의 지침서가 있었다.

산업화시대의 급격한 변화를 맞이하면서 이러한 도덕적 · 윤리적 기본틀이 무너졌다. 교육현장에서는 인성역량보다 전문역량이 우선시되었다. 전문성 교육만 강조한 결과 오늘날 여러 분야에서 혼란을 초래하고 있다. 최근 발생한 안전사고를 살펴보면 모든 것이 인성역량의 부재에서 발생된 근원적 사고라고 해도 틀린 말이 아니다.

부모들은 "학교교육이 잘못되었다"라고 말하고, 교사들은 "가정교육이 문제"라고 탓한다. 무엇이 문제라고 탓하기 전에 부모부터 모범을 보이는 것이 필요하다. 아이들에게 본보기가 되는 인성행동(人性行動)을 중요시할 때 아이들이 부모님의 등을 보고 따라 할 것이다. 법률로 규정한다고 해서 갑자기 인성이 좋아지는 것이 아니다. 인성은 사람과 사람 사이에서 '행동과 말'로 나타나는 요소이기 때문에 새로운 생각과 행동의 철저한 반복으로 나타난다.

인성을 함양하는 데는 절대적인 시간이 필요하다. 영 · 유아기 때부터 부모로부터 배우는 것이 중요하다. 그래서 가정교육이 중요하다고 강조하는 것이다. 유대인이 가정교육을 통하여 나라를 되찾은 것과 같이 우리는 가정교육을 회복하여 아이들에게 꿈을 찾아 줘야 한다.

인생 3막을 살아가는 신중년의 역할이 무엇보다 중요하다. 나로부터 시작되는 한 가정의 정체성을 확립하고 이를 지킬 수 있도록 기반을 잡는 것은 가정과 나라를 살리는 길이기 때문이다.

6. 밥상머리 교육의 중요성

우리 선조들은 아이는 부모의 꿈이고 미래의 희망이라고 했다. 〈성경〉(잠언서 17장 6절)에는 "손자는 노인의 면류관이요, 아비는 자식의 영화"라고 말하고 있다. "채찍과 꾸지람이 지혜를 주거늘 임의로 행하게 버려둔 자식은 어미를 욕되게 한다(잠언서 29장 15절)"라는 구절도 있다.

세 살 버릇 여든까지

우리 속담에는 "세 살 버릇 여든까지 간다"라고도 했다. 이는 어릴 때 익힌 습관(習慣)이 평생을 거쳐 나타난다는 의미다. 아이의 인성교육은 학교에서 이루어지는 것이 아니라 가정에서 이루어진다. 특히 어머니와 함께하는 습관적 행동과 밥상머리 교육이 중요하다고 한다.

우리 아이를 위한 밥상머리 교육의 실천지침 10가지를 〈밥상머리의 작은 기적〉이라는 책에는 다음과 같이 기술하고 있다.

- 일주일에 한 번이라도 정기적인 '가족 식사의 날'을 만들어라.
- 정해진 장소에서 정해진 시간에 식사하라.
- 어떤 일이 있어도 절대 큰소리는 내지 마라.
- 하루 일과를 순서대로 말해 보는 습관을 들여라.
- 네 생각엔 어떤데? 어떻게 하면 좋을까? 식의 오픈형 질문을 던져라.
- 단답형 표현을 짧은 문장으로 다시 말하게 하라.
- 공감을 통해 적극적인 표현을 유도하라.

- 의무감을 심어 줄 땐 반드시 이유를 설명해라.
- 아이가 잘못된 말을 하더라도 중간에 끊지 말고 끝까지 경청하라.
- 답변이 성의가 없을 땐 캐묻지 말고 생각할 시간을 주어라.

– SBS 스페셜제작팀, 〈밥상머리의 작은 기적〉, 2012.

최근 하버드대학과 컬럼비아대학 연구팀이 밝힌 놀라운 실험결과는 "하루 20분 가족식사가 아이의 미래를 바꾼다"라고 밝히고 있다. 하버드대학 연구진의 실험결과에서는 "아이가 식탁에서 배우는 어휘량은 책을 읽을 때의 10배다"라고 주장하고, 컬럼비아대학 CASA 연구결과는 "가족식사 횟수가 적은 아이는 흡연, 음주경험 확률이 높다"고 주장하고 있다. 이 연구결과는 우리 선조들이 이미 습관적으로 행하여 오던 습(習)의 원리이다. 우리 선조들은 "어릴 때 매(枚, 梅)를 아끼면 아이교육을 망친다"라고 했다.

탈무드에는 자녀교육을 위해 징계를 아끼지 말라고 했다. 오른손으로 매를 들고 왼손으로 감싸주라고도 했다. 나뭇가지(枝)의 매(枚, 梅)는 그 의미가 열매가 맺히는 가지(枝)이기도 하다.

어린아이 때 매를 아끼면 그 가지에는 열매가 맺히지 않는다는 의미다. 따라서 부모는 가정교육을 통하여 아이가 열매 맺는 가지(枝)로 성장할 수 있도록 매를 아끼지 말아야 한다고 했다. 그런데 우리나라 교육의 실상은 어떠한가? 부모는 어린아이 때부터 가정교육을 포기하고 어린이집이나 친정부모, 시부모에게 아이를 위탁양육하고 있다. 이이들의 습(習)의 대상이 되는 것은 어린이집 선생님이나 친정부모, 시부모가 아니라 나를 낳아준 부모라는 사실을 잊지 말아야 할 것이다.

불과 20년 전만 해도 우리나라에 소아정신과라는 병원은 많지 않았다. 놀이치료, 음악치료, 미술치료라는 단어도 흔하지 않았다. 그러나 지금은 어떤가? 어린이가 가장 많이 찾는 병원이 소아정신과이고 놀이치료, 음악치료, 미술치료 등 각종 치료센터다. 병원이나 각종 치료센터를 찾는 아이는 대부분 맞벌이라는 이유로 어릴 때부터 부모와의 애착관계(愛着關係) 형성에 실패한 것이 가장 큰 원인이라고 한다.

애착관계는 태아 때부터 7세까지 형성되는 아이와 부모 사이에 존재하는 애정이나 사랑의 정도라고 한다. 이는 아이의 일생을 통하여 영향을 미치기 때문에 이 시기에 부모들이 가장 관심을 갖고 아이양육에 집중해야 한다고 한다.

유대인의 밥상머리 교육

유대인들은 금요일 저녁이면 안식일을 지낸다. 안식일에는 일을 하지 않으며 온 가족이 식탁에서 '하브루타'를 통하여 토라를 배우며 대화를 이어간다. 성경적 가르침은 물론 주 중에 있었던 일상적인 대화를 중심으로 질문과 대화를 이어가며 토론과 논쟁으로 진리(眞理)에 접근하려는 노력을 이어 간다.

부모님은 물론 조부모까지 함께 하며 3대가 동시에 동일한 주제를 놓고 자기 생각을 논리적으로 주장하며 경청과 배려, 협상, 커뮤니케이션과 프레젠테이션역량은 물론 제기된 내용을 정리하고 최종적으로 발표하는 밥상머리 교육을 일상적으로 진행하고 있다. 이는 이스라엘이 AD 70년에 로마제국에게 나라를 정복당한 이후에도 가정을 중심으로 2000년 이상 이어져 온 전통적인 가정교육의 한 형태이다.

나라는 로마에게 정복당했지만 가정(home)은 살아있었기 때문에 국가를 재건할 수 있었다. 전 세계를 떠돌아다녀도 유대인이라는 정체성과 가정)은 남아 있었다. 이들에게 가정은 곧 국가인 동시에 성전이었으며, 식탁은 재단이었으며, 부모는 교사였고, 대제사장이었다. 그들은 가정에서 탈무드를 통하여 토라와 율법을 배우며, 역사와 전통을 배웠고, 정체성을 이어 올 수 있었다.

우리나라의 밥상머리 교육

과거 우리 선조들은 "밥 먹을 때 말을 하면 복 나간다"라고 가르치며 말을 하지 말도록 했다. 이러한 가르침이 해방 이후 70년이 지난 지금의 현대 가정에서도 그대로 이어져 오고 있다. "밥 먹을 때는 개도 안 건드린다"고 그저 조용히 밥만 먹으라고 가르쳤다. 그러다 보니 식사시간이 5~10분이면 끝났다. 그러니 밥상머리에서 교육을 할 기회는 고사하고 다정히 이야기할 기회조차 갖지 못했다.

뭔가 잘못된 것은 아닌가? 온 가족이 한자리에서 식사하며 다양한 주제로 이야기하며 화기애애한 분위기를 상상만 해도 즐거운 모습 아닌가?

최근 한 통계자료에 의하면 하루에 아버지와의 평균 대화시간이 5분 미만이라는 응답이 48%, 5~15분 이내라는 응답이 25%라고 한다.

혹자는 대화 내용을 보면 너무나 일상적인 내용이며 부모님의 일방적인 지시나 훈계가 대부분이라고 한다. 아이들을 대화상대로 인식하고 아이들 의견을 존중하며 경청과 배려를 통한 진정한 대화는 찾아보기 어려운 것이 현실이라는 주장을 하기도 한다.

7. '티쿤올람'과 평생학습

유대인들은 가르치는 것과 배운다는 것이 가장 중요한 가치라고 믿는다. 가르친다는 것은 하나님을 존경(예배)하는 것이요, 배운다는 것은 하나님께 드리는 최고의 기도라고 인식한다. 사람은 일생 동안 배워야 한다는 것이 유대인의 믿음이다. 아무리 지혜로운 사람이라도 배우기를 중단하면 그 순간에 지금까지 배운 것을 잊게 된다고 생각한다. 그들은 평생배움을 통하여 영성을 키우고, 이를 바탕으로 인성과 전문성, 창의성을 길러 간다.

하나님은 인간에게 "사랑하는 능력과 질문하는 능력"을 선물로 주었으나, 유대인에게는 '결핍, 배움, 책'이라는 세 가지 선물을 더 주었다고 한다. 또한 인간의 삶에 필요한 모든 근원 물질은 이미 하나님이 창조하였고, 모든 진리는 하나님으로부터 나온다고 믿고 있다.

진리는 인간이 만드는 것이 아니라 주어진 것을 단지 발견하는 것이라고 생각한다. 따라서 과학기술도 하나님이 창조한 세상과 생명의 원리를 인간이 이해하여 모방하는 것이라는 생각을 가지고 있다. 이러한 믿음은 유대인들이 하나님의 섭리를 하나라도 더 이해하기 위한 배움과 연결된다.

유대인의 창의성을 이야기할 때 반드시 알아야 할 것이 '티쿤올람(tikun olam)'사상이다. 19세기 다윈의 진화론이 나오면서 창조원리에 기반을 둔 기독교는 큰 충격에 휩싸였다. 찰스 다윈이 하나님의 형상을 닮은 인간을 원숭이의 이미지로 격하시켰다고 비난했다. 하지만 유대인들은 진화를 단계별로 이루어지는 또 하나의 창조로 해석했다.

'티쿤올람'은 "세상은 있는 그대로가 아니라 개선시켜 완성해야 할 대상"이라고 인식하는 사상이다. 이는 유대교 신앙의 기본원리로 "세상을 고친다"는 뜻이다. 즉, 인간은 하나님의 파트너로 세상을 개선시켜 완전하게 만들어야 할 책임이 있다고 믿고 있다. 하나님은 세상을 창조했지만, 이것은 아직 미완성상태이다.

하나님은 창조가 완전히 끝났다고 하지 않았다. 창조는 계속 진행된다고 하셨다. 때문에 인간은 완성을 위해 계속되는 하나님의 창조를 도와야 한다. 하나님을 도와 창조적 역사를 완성해야 한다. 이것이 하나님의 창조정신이자 인간의 의무라고 믿는다.

'티쿤올람'은 현대판 메시아사상이다. 메시아는 어느 날 세상을 구하기 위해 홀연히 나타나는 것이 아니라 그들 스스로가 협력하여 미완성상태인 세상을 완성시켜야 한다는 생각을 가지고 있다. 이러한 사상은 교육을 통해 어릴 때부터 잠재의식 속에 자리 잡도록 가르친다. 이러한 사례로 의학을 중요시하는 것에서 알 수 있다.

당초 불완전하게 창조되어 각종 질병으로부터 고통받는 인간을 질병으로부터 고쳐 주는 의학산업을 매우 가치 있는 일로 여기고 있다. 유대인들은 인간의 생명을 구할 수많은 신약품을 개발하는 힘도 이러한 티쿤올람사상에서 비롯되었다고 믿는다. 이러한 생각은 의약분야뿐 아니라 모든 분야에 걸쳐 유대인의 의식으로 자리 잡고 있다.

유대인들은 하나님의 계획에 자기들이 유용한 도구로 동참하는 협력자임을 믿어 의심치 않는다. 그래서 그들이 이 땅에 태어난 목적은 하나님의 빛을 만방에 보여 주기 위함이라고 믿는다. 위대하신 하나님의 빛을 전달하는 사람이 되기 위해서는 교육을 받아야 한다. 교육을 받지 않고서는 결단코 빛의 전달자가 될 수 없다. 왜냐하면 자신이 무지와 어둠 속에 있으면서 다른 사람들을 빛 속으로 인도할 수가 없기 때문이다.

인간이 하나님의 사업에 동참하기 위해서는 먼저 하나님의 섭리를 이해해야만 한다. 열심히 배워 하나님의 위대함을 자신 속에 담아야 한다. 그래서 유대인은 하나님의 섭리를 배우는 것을 의무로 여긴다. 유대교의 오랜 전통에 의하면 하나님을 공경한다는 것을 배운다는 것과 같은 뜻이다.

'배운다'는 것은 기도를 올리는 것과 동일한 일이라고 말한다. 히브리어로 '기도하다'라는 말은 '히트 파레루'이다. 이 히트 파레루는 "스스로 가치를 잰다"는 뜻이다. 곧 하나님께 맹종하는 게 옳은 게 아니라 신께서 하시는 위대한 일을 먼저 이해하는 것이 인간의 의무이며, 그 후에 스스로 신의 의지에 합당하게 살도록 노력해야 한다는 것이다.

유대인에게 교육은 곧 신앙 그 자체이다. 그래서 교회당(시너고그)의 주된 역할도 토라와 탈무드를 공부하는 곳이었다. 유대인이 배우는 민족이라 일컬어지는 것도 바로 이 때문이다. 유대인에게 배움은 인생에서 가장 중요한 가치이다. 그래서 그들은 예로부터 토라와 탈무드를 통한 평생공부를 당연하게 여겼다.

유대인은 전 세계 인류의 0.2%에 불과하지만 노벨상 수상 실적이 30%에 이른다. 이는 유대인들의 창의성이 뛰어나고 평생학습을 중요시하는 결과를 방증하는 증거라고 할 수 있다.

V

신중년의 마지막 선택

1. 인생은 매 순간이 선택이다

사람들은 직업생활을 통하여 예기치 못한 사건이나 환경적 위험이 자신의 직업생활을 해치거나 성장을 방해한다는 것을 감지하면 이에 대응하며 살길을 스스로 찾아 나선다. 전직이나 이직이나 퇴직이라는 명목으로 지금까지 살아온 직장을 옮기거나 떠나기도 한다. 그러나 자신의 힘으로 어찌 할 수 없는 환경에 부딪히면 환경에 적응할 수 있는 선택만이 살길이라는 것을 깨닫고 스스로를 위로하며 환경에 적응하기 위해 주저앉기도 하지만, 때로는 새로운 삶의 의미를 찾아 도전하기도 한다.

〈삶의 의미를 찾아서〉라는 책을 쓴 빅터 프랭클은 유대인으로서 제2차 세계대전 중 아우슈비츠 수용소까지 끌려갔다가 살아 돌아왔다. 그가 수용소 네 곳을 옮겨 다니고 여러 차례 죽을 고비를 넘기면서 깨달은 건 아무리 열악한 환경에서라도 삶의 의미를 찾는 사람은 희망의 끈을 놓지 않는다는 것이었다.

비록 육체적 자유도, 환경의 선택권도 없었지만 그에게는 그를 감시하는 나치보다 더 많은 자유와 선택을 행사할 수 있는 내면의 힘이 있었다. 고통받는 동료 수감자들에게 인간의 존엄성과 희망을 찾도록 일깨워 주고 도와주는 일 또한 게을리하지 않았다. 그는 상상할 수 없는 치욕적 상황에서도 자아의식이라는 인간의 능력을 최대한 사용했다.

직업은 나에게 어울리는 일자리를 내가 주도적으로 선택함으로써 '살 자리'로서의 성과로 다가온다. 직업을 선택하기 위해 많은 정보가 필요하다. 올바른 선택을 하기 위해 부모의 도움도 필요하고, 전문가의 도움도 필요하다. 그러나 최종적인 선택은 내가 하는 것이다. 다른 사람을 의식할 필요도 없다. '논리적 · 이성적 · 객관적 · 상식적 사고'를 기준으로 판단하면 된다. 좋은 직업은 나에게 맞는 '제자리', 내가 '설 자리', 내가 '살 자리'라고 스스로 판단되면 그 자리가 나에게 맞는 직업이 될 수 있는 것이다.

직장인은 환경과의 상호작용과정에서 자신의 역량을 부단히 개발하지 않으면 자신의 정체성 자체를 보호할 수 없다. 누구라도 첫 직업을 갖게 되면 직장에 서는 인재(人材, 인적자원)가 된다. 5~10년의 직업생활을 통하여 그동안 노력한 결과에 따라 어떤 인재로 살아갈 것인가가 결정된다.

환경변화에 적응하며 스스로의 역량을 꾸준히 개발하지 않으면 부가가치를 창출하지 못하고 자리만 지키는 재고품인 인재(人在)가 될 확률이 높다. 이런 일들이 지속되면 조직에서 밀려나야만 하는 부담스러운 인재(人災)가 될 확률이 높다. 기업이 아무리 어려워도 부가가치를 창출하고 생산성이 뛰어난 직원을 퇴출시키지는 않을 것이다. 정년이 정해져 있다 해도 나이는 숫자에 불과할 것이다.

신입사원 때부터 타고난 유전자만 믿지 않고, 목표를 설정하고 꿈을 가꾸며 자기 개발을 꾸준히 실천하는 학습(學習)과정을 이어간다면 기업에 이익을 더해 주며 부가가치를 창출하는 인재(人財, 자산으로서의 인재) 로 인정받게 될 것이다.

리처드 도킨스가 말하는 '비유전적 문화요소(MEME)'에 따라 삶을 추구하는 것이 아니라 환경변화에 적응하고, 스스로의 역량을 개발하며, 우연한 마주침과 우발적인 충돌을 통해 생각지도 못하는 가능성의 미래를 스스로 준비하는 삶을 살아가는 자세와 노력이 필요하다.

결정적 순간을 포착하기 위해 평생을 노력했던 사진작가 앙리 카르티에 브레송은 "인생은 모든 순간이 결정적 순간"이라고 했다. 한 순간에 생명을 다하는 예기치 못한 사건이 본인의 의지와 관계없이 나타날 수도 있다.

소크라테스의 마지막 강의

소크라테스가 제자 10명과 마지막 강의를 위해 인생이란 무엇인가?라는 주제를 잡았다.

강의 장소는 사과나무농장을 지나 언덕에 있는 원두막으로 정했다. 강의 소재로 제자들은 사과나무농장을 지날 때 자신이 보기에 가장 탐스럽고, 먹음직하고, 보기 좋고, 크다고 생각되는 사과 1개만을 선택하여 따 오도록 했다. 소크라테스는 앞서 사과나무농장을 지나 끝자락 부분에서 사과 1개를 따고 원두막에 먼저 가서 기다리고 있었다. 한참 후 사과 1개씩을 가지고 도착한 제자들은 불만이 가득한 표정이었다. 제자들에게 왜 그런 불만스런 표정인가를 물었다. 그들은 사과농장 초입에서 그들이 보기에 가장 크고, 탐스럽고, 먹음직스럽고 보기에도 좋은 사과 1개씩을 따서 농장을 나오다 보니 주변에 처음 것보다 훨씬 더 탐스럽고, 크고, 먹음직스럽고, 보기에도 좋아 보이는 사과가 많이 있었다고 했다. 제자들은 스승에게 지난 것은 무효로 하고, 사과를 다시 따 올 수 있도록 한 번만 더 기회를 달라고 했다. 그러나 소크라테스는 다시 기회를 주지 않았다. 그는 "여러분이 지나온 사과농장에서의 행위가 인생이란다"라는 말로 강의를 마쳤다고 한다.

소크라테스의 사과이야기에서 알 수 있는 것은 "인생은 매 순간이 자신이 선택한 결과"이며, 이는 되돌리지 못한다는 것이다. 인간은 살아가는 매 순간을 생의 마지막 순간이라 생각하고 최선을 다하는 삶을 살 뿐이다. 또한 삶에 대한 결과를 다른 사람에게 전가해서는 안 된다. 내일도 해가 뜬다. 그것은 내가 걱정하거나 어떻게 통제할 수 없는 현상이다. 인생 3막을 맞이하는 신중년의 삶도 선택을 위한 준비가 필요하다.

그동안 자신이 경험한 직업뿐 아니라, 새로운 환경에서 자신에게 어울리는 '제자리, 설 자리를 찾아 '살 자리'로서의 일자리를 새롭게 선택해야 할 것이다. 선택의 자유는 하나님이 인간에게 주신 최고의 선물이기 때문이다.

2. 실행하지 않는 공허한 지식

'학이시습지 불역열호(學而時習之 不亦說乎)'는 〈논어(論語)〉 제1장 학이(學而)편에 나오는 글이다. "배우고 때를 따라 익히면 즐겁지 아니한가"라는 의미다. 여기에 학습(學習)이라는 단어가 등장한다. 학(學)은 이론(理論)을 배우는 것이며, 습(習)은 이론을 바탕으로 행함을 통하여 익히는 실습(實習)과정이라 할 수 있다.

단편적인 지식만 외우고 객관식 지문의 정답만 찾아가는 공부가 아니라, 배운 것을 어떻게 삶에 적용할 것인가를 생각하고 익히며 열매 맺는 삶을 살 것을 강조하고 있다.

> 자연을 아는 것은 자연을 느끼는 것의 절반만큼도 중요하지 않다.
>
> – 레이첼 카슨, 센스 오브 원더, 2012.

자연을 이해하는 것은 머리로 생각하는 것보다 가슴으로 느끼는 일이 더 소중함을 역설한 레이첼 카슨의 말이다.

직접 체험해 보지도 않고 책상에 앉아서 일과 직업에 관한 책을 수십 권 읽어 보는 것보다 직접 현장에서 일을 경험해 보는 것이 훨씬 중요하다. 실습을 통하여 직업을 이해하고, 일이 수행되는 프로세스를 익히고, 학교에서 배운 이론과 어떠한 관계가 있는가를 직접 체험해 보는 것이 직업활동을 시작하는 출발이다.

실천하지 않는 지식은 공허할 뿐이다. 행복하기 위해서는 먼저 느낌을 공유할 수 있어야 한다. "양육을 주제로 글을 쓰는 사람은 교육전문가일 뿐이지만 인형을 가지고 노는 아이는 어머니가 된다." G. K. 체스터턴이 쓴 〈장난감 극장〉이라는 글에 나오는 말이다. 나 역시 '일'을 주제로 글을 쓰는 글쟁이에 머물지 않고 '일'을 느끼면서, 일과 함께 놀면서 일을 통해 직업을 이해하고, 인간의 삶을 꿰뚫어 보는 전문가로 거듭날 수 있으면 좋겠다.

4차 산업혁명이 빠른 속도로 다가오고 있다. 기존의 패러다임이 무너지고, 과거의 방법을 반복하며 더 좋은 성과를 기대할 수는 없다. 인재선발기준이 학벌 중심에서 개인이 가진 역량 중심으로 바뀌었다.

"잘 듣고, 외우고, 시험 보고, 잊어버리는 기존의 공부방법"으로 취업 1승의 성과를 달성할 수 없다. 나만의 차별화된 역량을 가지고 있어야 한다. 왜 일을 해야 하고, 왜 직업이 필요한가를 스스로 생각해 봐야 한다. 그리고 그에 대한 해답도 스스로 찾아야 할 것이다. 인생 3막을 준비하는 신중년도 예외일 수 없다. 수십 년 동안 직업활동경험이 있다. 기간이 중요한 것이 아니다. 무엇을 할 수 있고, 어떤 성과를 낼 수 있는가가 중요하다. 새롭게 하고 싶은 일은 어떤 가치를 가지고 있는가를 찾아봐야 한다.

신중년은 인생 2막까지 수많은 경험을 했다. 직업생활을 통하여 익힌 노하우(know how)는 각자 다를 것이다. 10년이면 강산도 변한다고 했다. 1만 시간이면 전문가가 될 수 있다고도 했다. 그동안 인생 2막을 통하여 경험한 것들을 모아 보면 2~3개 분야에서 전문가가 되어 있어야 한다. 신중년이 가지고 있는 직무전문성은 청년층 취업준비생들이 가장 궁금해 하는 핵심요소다.

셰익스피어는 "경험은 값을 치를 수 없는 소중한 자산이다"라고 했다. 신중년이 가진 직무경험은 값을 치를 수 없는 소중한 자산인 셈이다. 인생 3막을 통하여 이런 자산을 후배들에게 나눠 줄 수 있는 일을 해야 한다.

초 · 중고생에게는 진로지도와 직업체험과 관련된 지식을 전하고, 대학생들에게는 직장생활에 필요한 전문지식을 나눠 주어야 할 것이다. 나누고 빈자리를 메우기 위해 새롭게 공부하는 것도 잊지 말아야 한다. 아는 것을 말로 표현하는 방법도 익혀야 한다. 학생들의 눈높이에 맞춰 설명하는 기술도 배워야 한다. 최근 확산되고 있는 4차 산업혁명과 관련된 전문지식은 별도로 배워야 한다. 이는 후배들과 같이 배워야 한다. 그들에게도 새로운 분야이며, 피할 수 없는 과제이기 때문이다. 1980년대 후반에 컴퓨터가 처음 실무에 도입되고, 1990년대 초 인터넷이 처음 도입되었을 때 동시대를 살아가던 전 국민이 같이 배웠던 학습과제였던 것과 같은 이치다. 이 시기를 놓치면 반드시 후회하게 될 것이다. 손주들에게 존재를 부정당하는 사태에 직면하게 될 수도 있다.

실행이 수반되는 지식은 인생 3막을 준비하는 신중년에게 일과 직업에 대한 궁금증과 호기심을 다시 자극하는 물음표(?)에 학습이라는 단어가 추가되어 느낌표(!)를 만들게 하고, 궁극적으로 일과 직업의 의미를 이해하는 '물음 느낌표(!?)'를 끌어내는 촉매제가 될 것이다. 인생 3막을 통해 가치 있는 삶을 살아가는 데 필요한 생각의 단초를 제공하는 출발점이 될 수도 있을 것이다. 실행하지 않는 지식은 공허한 지식이 되기 때문이다.

3. 뿌리 깊은 나무는 뽑히지 않는다

직업생활을 통해 성장하기 위해서는 기본기가 충실해야 한다. NCS에서는 이것을 직업기초능력이라고 한다. 기본역량이 잘 갖춰지지 않은 상태에서 빨리 승진하려는 사람은 작은 유혹이나 사건에 흔들리게 되고 뿌리마저 뽑히고 결국 무너지게 된다. 나무가 '높이' 성장하기 위해 뿌리를 '깊이' 뻗어야 하는 이치와 같은 것이다. 아래로 뿌리를 내리는 노력이 위로 성장하기 위한 가능성을 결정한다.

> 뿌리 깊은 나무가 되어야 뿌리 뽑히는 나무가 되지 않는다.
>
> – 유영만, 〈나무는 나무라지 않는다〉, 2017 .

일단 뿌리가 뽑히면 나무는 더 이상 생명연장이 불가능하다. 그만큼 나무에게 뿌리는 중요하다. 깊이 뿌리를 내려야만 높이 성장할 수 있다.

> 뿌리를 내리는 노력은 줄기와 가지를 뻗으려는 노력보다 힘들고 시간이 많이 걸린다. 그러나 뿌리 내리기를 포기한다면 성장의 가능성도 함께 포기해야 한다. "뿌리 없이 줄기 없고, 줄기 없이 가지 없으며, 가지 없이 꽃을 피울 수 없고, 꽃이 피지 않고는 열매를 맺을 수 없다." 연못을 가득 채운 연잎도 '위로 밖으로' 향하고 있는 것처럼 보이지만 뿌리는 '아래로 안으로' 향하고 있다. – 안도현, 〈가슴으로도 쓰고 손끝으로도 써라〉, 2009.

우리는 직업활동을 통하여 매일 새로운 문제에 직면하게 된다.

문제를 인식하고 문제점을 분석하며 해결책을 찾는 노력을 한다. 이에 필요한 것이 기본역량과 전문역량이다. 학교교육을 마쳤다고 배움이 끝난 것이 아니다.

환경변화에 적응하며 새로운 전문성을 익혀야 한다. 이것이 뿌리를 아래로 내리고 옆으로 뻗어가는 활동이다. 배움에 대한 욕망이 강할수록 '아래로 안으로' 파고들어가려는 노력을 멈추지 말아야 한다. 아래로 파고든 깊이가 위로 치솟을 수 있는 성장 에너지를 결정한다.

전문성을 갖추지 않고 승진만 하려는 사람은 금방 바닥이 드러나서 무너지게 된다. 무너지지 않으려면 기초를 튼실하게 가꾸어야 한다. 흔들리지 않으려면 파고들어야 한다. 확고부동한 신념은 파고들어간 깊이에서 나온다. 사람에게는 전문성을 가름하는 '수직적 나이와 수평적 나이'가 있다.

삶의 깊이를 더해가며 한 분야에서 깊이 파고드는 수직적 나이는 경험이 많을수록 깊어진다. 수평적 나이는 인간관계를 통해 형성되는 관계의 나이로서 개인의 활동에 따라 넓이의 나이가 구별된다.

"수직적 깊이 없는 수평적 넓이는 흔들리는 가벼움이고, 수평적 넓이 없는 수직적 깊이는 옹졸함과 답답함이다." 깊이가 있어야 넓이를 확장시킬 여유가 생기는 것이다. 따라서 깊이는 넓이보다 먼저이고, 넓이는 깊이를 튼튼하게 하는 버팀목이 된다.

'용두사미(龍頭蛇尾)'라는 경구가 있다. 개인이든 조직이든 거대하고 요란한 출발은 대체로 내면에 허약함을 숨기고 있는 허세인 경우가 많다.

〈성경〉에는 "내 시작은 미약하나 그 나중은 창대하리라"라는 말이 있다. 이는 작게 출발하여 크게 성공하는 모습을 기원하는 말이다. 신중년의 수직적 경험을 후배들에게 나눠 주기 위해서는 수평적 넓이를 확장하는 방법을 배워야 한다. 그래야 선택받은 선배가 될 수 있을 것이다.

봄에 민들레를 캐어 보면 그 뿌리가 보기보다 깊이 파고들어 쉽게 캐기가 어렵다는 것을 느낄 것이다. 모든 나무는 자기 키와 넓이만큼의 긴 뿌리를 땅속에 묻어두고 있다고 한다. 특히 잡초는 전체 모습의 20%만 땅 위로 드러나 있고, 80%는 땅속에 뿌리 뻗어 있다. 이것을 잡초의 TR비율이라고 한다. TR비율은 잡초가 땅 위로 뻗은 줄기와 가지의 높이(top)와 땅속 깊이 뻗은 뿌리(root)의 비율이다.

대나무 숲은 숲을 이루고 있는 모든 대나무의 키를 합친 것만큼의 광범한 뿌리를 땅속에 간직하고 있다고 한다. 더욱 중요한 것은 대나무는 그 뿌리를 서로 공유하고 있다는 사실이다. 대나무는 혼자 살아가지 않는다. 대나무가 숲을 이루어 살아가는 비결이 뿌리를 공유하고 있기 때문이라고 한다. "대나무는 숲을 이룬 후에 서로 협업을 통하여 개개의 줄기와 마디를 만들며 대나무 숲의 역사를 시작한다."

일본과 중국에서 주로 서식하는 모죽(毛竹)은 5년 동안은 싹이 돋지 않는다고 한다. 하지만 싹이 나온 후부터는 하루에 무려 80cm를 성장한다. 그래서 30미터가 되는 우람한 대나무로 자라기도 한다. 5년 동안 모죽은 땅속에 긴 뿌리를 뻗으며 양분을 빨아들인다. 세상에 나올 그날까지 잠재역량을 키우고 있는 것이다. 사람도 내면에 형성된 잠재역량의 크기가 직업활동의 승패를 결정한다. 표면에 드러난 얇은 지식이 아니라 경험과 체험으로 익힌 지혜가 직업활동에서 중요한 요소이다. 그래서 배움이 필요하고 평생학습이 필요한 것이다.

누군가가 전해 주는 쉬운 답을 찾아 수긍하기보다 나의 내면으로 파고들어가 생각하는 고뇌로부터 나오는 본질적인 답을 찾아야 한다. 이러한 사고(思考)를 통해서만이 다양한 지식의 본질과 관련성을 이해할 수 있기 때문이다. 왜냐하면 모든 지식은 개별적 지식의 독립적 존재에서 그 속성과 본질이 결정되는 것이 아니라, 다른 지식과 문제의식을 공유하며 궁극적인 방향성에 대한 답을 찾는 과정을 통하여 지혜로서의 의미와 가치를 발견할 수 있기 때문이다.

필연적으로 다가온 4차 산업혁명시대에 살아남아야 하는 신중년의 3막 인생을 위해서 또 다른 공부가 필요하다. 공부를 통하여 진위(眞僞)를 가려내고, 선악(善惡)을 분별하고, 피아(彼我)를 식별하는 세심함을 다시 배워야 할 것이다. '인공지능(AI), 3D프린팅, 빅데이터, 사물인터넷(IoT), 로봇'이라는 생소한 것들이 만들어 가는 세상에 대한 두려움을 떨쳐 버리기 위해서라도 다시 뿌리를 내리는 공부가 필요하다.

4. 인간관계와 평판

이 세상에서 혼자 독립적으로 존재하는 것은 아무것도 없다. 모두가 인연의 고리로 연결되어 있다. 인생 2막은 조직이라는 틀 속의 인간관계에서 삶의 가치를 찾아가며 경쟁하며 살아가야 했다. 새롭게 맞이하는 인생 3막은 정년이라는 숫자를 넘어설 힘이 부족하여 익숙한 것으로부터 떠나야 할 수밖에 없는 미지의 삶을 살아야 한다.

지금까지의 삶은 나와 직간접적으로 관계를 맺어 왔던 익숙한 사람들과의 관계 속에서 나라는 존재의 본질과 속성을 별 어려움 없이 파악할 수 있었다. 이는 지금까지의 삶은 오늘의 내가 되기까지 맺어온 과거 속 인간관계가 역사 속에 투영된 결과였기 때문이다. 그러나 다가오는 인생 3막을 준비해야 하는 삶의 본질은 인생 2막을 유지해 온 관계의 실상을 성찰(省察)하고 재학습(relearn)을 준비하는 것으로부터 시작되어야 할 것이다.

겉으로 보이는 현상이나 징후들로부터 교훈을 찾을 것이 아니라 울타리 속에 모습을 감추고 있는 과정, 즉 새로운 지식을 만드는 근원을 따져 보고 또 다른 지식과의 관계망이 구조적으로 어떻게 형성되었는가를 간파하는 역량을 배우는 것이 신중년에게 당면한 재학습의 출발점이다.

어느 날 바람이 삼나무에게 말을 걸었다.
"삼나무야, 오늘 우리 바람들이 심하게 불어올 것 같은데 안 뽑히고 네가 살 수 있는 날도 오늘이 마지막일 것 같다. 살아있을 때 유언 하나 남길 것은 없나?"
이에 삼나무가 바로 맞서서 대답했다. "어림도 없는 바람잡이야. 네가 아무리 세찬 바람으로 괴롭혀도 우리는 서로 강한 믿음의 뿌리로 의지하고 있어서 꼼짝도 안 할 거야." – 유영만, 〈나무는 나무라지 않는다〉, 2017.

삼나무의 대답은 바람의 자존심을 건드리고도 남았다. 바람은 그날 밤 강력한 바람 친구들을 총동원해서 삼나무 숲에 공습을 퍼부었다. 삼나무는 그래도 꼼짝 않고 끝까지 꿋꿋하게 서 있었다. 바람은 더 이상 삼나무를 얕잡아 보지 않았다. 겉으로 드러난 삼나무만을 보고 깔보았던 바람은 삼나무에게 한 수 배우고 홀연히 사라졌다고 한다. 위를 향해 성장하고 싶다면 우선 내가 버티고 있는 땅속에 뿌리를 튼튼히 내리고 다른 나무와 연대를 구축하고 굳건히 살아가는 삼나무에게 지혜를 배워야 할 것이다.

신중년이 살아갈 인생 3막은 그동안 쌓아온 울타리 밖에서 새로운 삶을 살아야 한다는 두려움이 함께한다. 나를 지켜 줄 울타리는 퇴직과 함께 사라졌다. 오직 남아 있다면 나를 둘러싼 평판(評判)이 나의 울타리이다. 흔히 직장생활을 통하여 속마음을 터놓고 이야기할 수 있는 후배 세 명만 있으면 성공한 직장생활이라고 한다.

경력직으로 재취업을 할 때 필연적으로 넘어야 할 산이 평판조회다. 이는 전(前) 직장의 동료, 후배, 선배들의 의견으로 평가된다. 주로 인성역량을 중심으로 평가한다. 전문역량은 자기소개서나 면접을 통해 확인할 수 있는 요소이지만 인성역량은 몇 번의 면접으로 파악하기 어려운 요소이기 때문이다.

당신의 평판에 결정적인 영향을 미치는 사람은 바로 지금 당신 곁에 있는 사람들이다. 그 중에서도 당신의 직속상사와 부하직원, 그리고 동료들이 가장 큰 영향력을 발휘한다.

나쁜 평판	좋은 평판
"글쎄요…"	"괜찮을 거예요."
"사람은 좋은데…"	"운이 좋으시네요."
"똑똑하기는 한데…"	"많은 도움받을 겁니다."
"알아서 판단하시죠."	"A급입니다."
"다른 대안은 없나요."	"제가 보증합니다."
"좀 더 생각해 보시죠."	"인품도 좋습니다."

당신에 대한 평판은 단 한마디로 요약된다. 이러한 한마디는 당신만 모르게 전화선을 타고, 인터넷을 타고 지금도 이곳저곳으로 날아다닌다. 당신이 남긴 페이스북이나 카카오톡의 글이나 댓글에서 당신을 객관적으로 평가한다. 인간이 사회 구성원으로 삶을 살아가는 이상, 요람에서 무덤까지 이러한 평판의 굴레에서 결코 자유로울 수 없다. 평판을 관리하는 것은 이러한 '현실'을 명확하게 깨닫는 것에서 부터 시작된다.

특히 3막 인생을 살아야 하는 신중년의 재취업시장에서는 능력보다 평판이 결정적인 힘을 발휘하게 된다. 능력만으로 경쟁했던 때는 2막 인생에서 충분히 경험했을 것이다. 능력이 아무리 뛰어나도 평판이 나쁘면 재취업에 성공할 수 없다.

인생 3막을 준비하는 신중년은 지금 내가 속해 있는 일터에서 구성원들과 굳건한 인간관계를 형성하고 좋은 평판을 구축하는 지혜가 필요하다. 평판을 구축하는 것은 5년 정도의 기간을 두고 전략적으로 준비하는 것이 좋다. 눈에 보이는 줄에 연연하지 말고 당장의 이익은 보이지 않더라도 진실한 마음으로 주변사람을 대한다면 그것은 '좋은 평판'이라는 값진 선물로 돌아올 것이다. 좋은 평판을 얻는 것은 재취업을 준비하는 신중년이 넘어야 할 가장 높은 허들이기 때문이다. 신중년의 일자리는 "능력보다 평판이 결정한다." 이는 사실(fact)이고 통설(通說)이다.

"알면 사랑한다는 입장보다 사랑하면 알게 될 것이다"라는 말이 더 고상하게 들린다. 사람이든 사물이든 사랑하기 시작하면 이전과 다른 관심과 애정이 생기고 '앎'에 대한 의지가 높아지기 시작하기 때문이다. '일자리'도 마찬가지다. 나를 사랑하고 '일'을 사랑하기 시작하면 '일자리'가 보이기 시작할 것이다.

'일자리'는 내가 선택한 업(業)으로 다가온다. 업(業)은 직장(職場)이라는 울타리 속에 갇혀 있어서 쉽게 보이지 않는다. 혹시 '자리'만 보고 '일'을 보지 못할 수도 있다. 중요한 것은 '자리보다 일'을 먼저 보는 지혜가 필요하다. 그 일을 하는 데 필요한 역량은 무엇이며, 왜 내가 그 일을 할 수 있는 적임자인가를 분명히 말할 수 있어야 한다. 관심을 가지고 찾아보고 분석하지 않으면 발견하기도 쉽지 않다.

취업성과는 나와 나를 필요로 하는 일자리(직업)의 만남에서 이루어진다. 성과를 이루기 위해서는 자기 자신을 분석하고, 일자리(기업)를 분석해야 한다. 또한 직무내용을 분석하고, 취업규칙, 복

리후생제도, 자기개발가능성 등을 철저히 조사하고 분석해야 한다. "분석하지 않으면 글감을 찾을 수 없고, 조사하지 않으면 말감을 찾을 수 없다." 신중년의 일자리는 그냥 주어지는 것이 아니다. 결혼하고 싶다고 아무나 지나가는 사람 붙잡고 할 수 없는 것 아닌가? 취업도 마찬가지다. 결혼 상대를 구하는 것보다 더 신중한 준비와 전략이 필요하다.

5. 더 이상 두려워 마라, 평생직장은 이미 사라졌다

"○○씨, 어디 회사로 옮겼대."

신중년의 초입에 해당하는 50대 중반의 직장인들 사이에서 종종 나누는 대화의 한 장면이다. 50대 중반이 되어 친구나 지인들의 이직이나 전직 소식이 들릴 때마다 "나도 혹시…"라는 생각에 귀를 쫑긋 세운다. 평생직장 개념은 사라진 지 오래고, 100세 시대 삶을 준비하기 위해 평생직업을 찾는 것이 최선이라는 게 요즘 직장인들의 보편적 생각이다. 신입 채용만큼이나 경력직 채용이 관심을 끄는 것도 한 이유다.

최근 대기업의 인력 채용실태를 보면 신입사원보다 경력사원을 더 선호한다. 인사부서에서는 신입사원이 입사하여 우리 직장에서 오래 근무하기를 원하지만 신입사원 입장에서는 3~5년의 경력을 쌓고 몸값을 올리기 위해 이직이나 전직을 준비한다. 이들을 '취반생'이라 부른다. 이미 취업을 하고도 새로운 직장을 준비한다는 뜻의 취업반수생을 부르는 신조어가 생긴 것이다. 2016년부터 대기업을 중심으로 정년이 60세로 단계별로 늘어났다. 2018년 7월부터는 종업원 300인 이상의 대기업과 공공기관의 법정근로시간도 주당 52시간으로 줄어들었다. 워라밸(Work & Life Balance)이라는 신조어도 생겼다. 직장에서 일 많이 하지 말고 가족과 함께 삶을 즐기라는 의미란다.

근로자는 물론 사용자도 걱정이 많다. 노동시간이 줄어든다고 맡은 일이 줄어들지 않는다. 줄어드는 일의 양만큼 새로운 인력을 투입하는 것도 아니다. 기업 입장에서는 근로시간은 줄어도 생산성의 하락을 용인하지 않을 것이다. 오히려 생산성이 높아지기를 기대한다. 어떤 방법으로 생산성을 높일 것인가? 사람이 하던 일을 기계로 대체시키거나 근로자의 역량개발을 통하여 생산성을 높여야 할 것이다.

2020년이면 모든 기업의 정년이 법적으로 60세가 된다. 일본의 경우 근로자의 정년이 65세로 된 지 오래고 최근에는 70세로 늘릴 준비를 한다고 한다. 독일의 경우 이미 70세다. 미국의 경우 아예 정년이 없다. 일할 능력이 있거나 일할 의사만 있으면 70세 이후도 일할 수 있다. 선진국의 경우 우리와 달리 근로자의 고용유연성이 매우 높다. 진입장벽이 낮은 대신 해고도 자유롭다. 최근 청년실업률이 11.6%로 높아졌다고 야단이고, 한편에서는 OECD 선진국에 비해 높지 않다는 반대 주장도 있다. 청년실업률이 높은 이유가 재직 근로자의 정년을 연장했기 때문이라는 주장도 한다. 일견 그렇게 보일 수도 있으나 실상은 그렇지 않다. 경력자와 신입사원은 직무내용이나 특성이 다르다. 정년 가까이 된 시니어가 할 직무가 있고, 신입사원이 할 직무가 있다.

대부분의 기업에서 정년을 늘리면서 임금피크제를 도입하고 있다. 싼 인건비로 시니어의 질 높은 경험을 활용할 수 있다는 이해관계도 널리 확산되고 있는 추세다.

문제는 다른 곳에서 발생했다. 60세에 정년퇴직을 해도 국민연금이 65세부터 지급된다. 최소 3~5년을 연금 없이 살아야 한다. 아이들의 교육, 결혼, 부모님 부양 등 그동안 지고 있던 짐은 아직 어깨를 짓누르고 있는데 생수를 꼬박꼬박 공급해 주던 수도꼭지는 이미 잠겨 있기 때문이다.

2017년부터 NCS 기반의 직무역량을 중심의 신입사원 채용이 제도화되었다.

직무수행능력에 대한 깊이 있는 평가가 강조되고 있다. 학교에서 직무능력을 경험하지 못한 청년들에게는 또 다른 어려움으로 다가오고 있다. 이에 비해 경력직 채용은 서류전형과 면접전형으로 구성돼 상대적으로 단순하다. 기업의 관점도 신입 채용과는 확연히 다르다. 경력직 채용에 나서는 기업은 곧바로 현장에 투입할 수 있는 인재를 원한다. 신중년은 특별한 경우를 제외하고 경력직에 해당된다. 지원자가 '즉시전력감'이 될 수 있는지가 경력직 채용의 키포인트다. 따라서 경력직 채용의 첫 관문인 서류전형에서는 직무경력과 관련한 구체적인 '경력기술서(doing story)'를 중심으로 본인이 직접경험한 내용을 기술하는 것이 중요하다.

'경력기술서'는 가독성과 구체성을 강조해야 한다. 직무와 직접적으로 관련 있는 경험을 비중 있게 작성함으로써 해당 직무내용과 필요역량을 이미 잘 이해하고 있다는 초두효과를 노릴 필요가 있다. 자격요건에 부합하는 성과를 가능한 한 상세하고 구체적으로 설명해야 한다.

차별적인 설득을 위해서는 역량과 경험에 대한 상세한 기술이 필요하다. 오래된 경험보다 최근 3~5년 이내의 경험이 중요하다. 성과를 수치화할 수 있다면 가급적 구체적으로 언급하고, 수치화하기 어려운 항목에 대해서는 세웠던 목표를 달성하기 위해 어떤 일을 했고 그로 인해 어떤 결과를 끌어냈는지를 정성적으로 기술해야 한다.

신중년의 이 · 전직은 "지원기업에서 요구하는 요건에 맞게 구체적인 성과 위주로 재구성하는 것이 합격의 지름길이다." 이를 위해서는 과거 경험과 자신의 스펙을 기반으로 직무요건에 부합할 만한 성과물의 글감을 발굴하는 것이 중요하다. 현재로부터 3~5년 전에 자신이 주도적으로 수행한 프로젝트의 성과를 지원하는 직무와 연계시켜 기술하는 것이 효과적이다.

면접에서 가장 난감한 질문 중 하나는 '이직 사유'이다. 이를 묻는 것은 지원자의 내면적 충실도를 알아보기 위해서다. 기존 구성원들과의 팀워크 형성도 중요한 평가요인이다. 지원자의 직업관, 기업가정신, 직장선택기준, 조직적응력이나 충성도, 인내심 등을 파악하기 위해서 면접시험에서 까다로운 질문을 하기도 한다.

직장을 그만두고 공백이 있는 지원자는 퇴직 사유에 대한 답변을 준비하는 것이 급선무다. 이전 직장에 대한 불만이나 고충 등 부정적인 답변보다는 새 직장으로의 이직에 대한 강한 열정 등 긍정적 요소에 집중해 퇴사가 불가피한 결정이었음을 설득력 있게 밝히는 것이 좋다. 신입직이든 경력직이든 지원하는 기업에 대한 분석은 필수다. 산업 전반에 대한 해박한 식견을 통계자료와 함께 열정적으로 보여 줄 수 있어야 한다. 3막 인생을 위한 준비도 청년층에 비해 결코 쉬운 과정이 아니다. 새롭게 진행되는 기간이 짧지 않기 때문이다. 신중년의 삶이 자신의 인생 전반을 평가하는 가치가 되기 때문이다.

6. 자존심은 지키자

자존심(自尊心)이란 "인간관계에서 부딪히는 각종 문제를 스스로 해결할 수 있고, 자신은 행복을 누릴 가치가 있다고 믿는 것", 즉 자신을 스스로 존중할 줄 알고 스스로 평가할 줄 아는 것이다.

자존심은 왜 중요할까? 자존심은 생존(生存)을 위해 필요하다. 흔히 삶과 행복이 마음먹기에 달려 있다고 한다. 우리의 마음은 스스로 가장 중요한 문제에 집중하도록 프로그래밍되어 있지 않다. 우리의 마음은 선택에 따라 수동적으로 작동한다. 예를 들어, 자존심이 강한 사람은 아무리 어려운 문제에 직면하더라도 최적의 방법으로 스스로 선택하며 슬기롭게 극복하게 된다. 그래서 인생을 'B(Birth)와 D(Death) 사이의 C(Choice)', 선택이라고도 한다. 물론 자존심이 강한 사람이 모든 문제를 극복할 수 있는 것은 아니지만 실패보다는 성공할 가능성이 훨씬 높다는 것이다. 그리고 성공의 경험이 많아질수록 자존심도 높아진다고 한다.

나다니엘 브랜든(Nathaniel Branden)은 자존심을 높여 주는 여섯 가지 원칙을 다음과 같이 제시하고 있다.

첫째, 자신이 무엇을 하고 있는지 인식하며 살아라.

자신이 어떤 행동을 하고 있는지 의식하고, 그 순간에 집중하는 삶을 살아야 한다. 예를 들어, 고객, 상사, 부하직원, 동료와 대화를 하고 있는 중이라면 그 순간과 상대방에게 집중해야 한다. 회사나 조직의 목표달성을 위해 열정을 보이면서 가족과 자기 자신에 대해 잘 알지 못하는 삶은 곤란하다. 스스로 자아(自我)를 의식하며 돌아봄으로써 인생의 목적에 한 걸음 가까이 다가갈 수 있기 때문이다.

둘째, 자신을 있는 그대로 인정하며 살아라.

스스로를 있는 그대로 수용하면 자신이 항상 심판대 위에 놓여 있다는 생각에서 자유로울 수 있다. 그러면 상대방이 무엇을 지적하거나 다른 의견을 내놓더라도 적대적인 마음을 품지 않고 상대방의 말을 경청할 수 있다.

셋째, 자신의 선택과 행동에 책임을 져라.

현재 자신이 살아가는 모습은 자신이 내린 선택과 그에 따른 행동의 결과라는 사실을 인식해야 한다. 한 사람의 인생이 한 권의 책이라면 그 책을 쓰는 사람은 다름 아닌 자기 자신이기 때문이다.

넷째, 자신의 의견을 당당히 드러낼 줄 알아라.

상대방을 대할 때 예의에 어긋나서는 안 되지만 동시에 자신이 추구하는 가치를 속여서도 안 된다. 자신이 추구하는 가치대로 살아갈 용기를 발휘해야 한다. 그리고 스스로를 위해 일어설 줄 알아야 한다. 다른 사람들의 시선이나 비판이 두려워 진정한 자신의 모습을 숨기거나 가장하면서 사는 것은 당당한 삶이 아니다.

다섯째, 목적을 가진 삶을 살아라.

목적의식 없이 흘러가는 대로 살지 말고 분명한 목적을 가지고 살아야 한다. 목적의식이 있으면 하루하루 살아가면서 어디에 우선순위를 두어야 할지 잘 알 수 있다. 목적의식을 가지고 사는 것은 외부적인 성공만을 의미하는 것은 아니다. 자존심의 뿌리는 본질적으로 외부에서 이루어 낸 무언가가 아니라 우리가 무언가를 성취할 수 있도록 동기를 부여하는 내면적인 힘과 가치이다. 그 내면적인 힘과 가치를 모은 것이 바로 자존심이다.

여섯째, 정직한 인격을 갖추도록 노력해야 한다.

언행일치를 위해 힘쓰라. 진실만을 말하고 자신이 내뱉은 말에 반드시 책임을 질 줄 알아야 한다. 중요하다고 생각하는 가치를 몸소 행동으로 실천하며, 모든 사람들을 공정하게 대하고 친절을 베풀어라. 자신의 가치를 저버리는 것은 양심을 배신하는 행동이며 자존심에 상처를 입힌다. 인격(人格)은 자존심의 근원이면서 동시에 자존심의 표현이기도 하다.

새롭게 출발하는 인생 3막, 무너지면 생존을 잃게 될 수도 있다. 혹자는 자존심을 버리고 자연에 순응하며 초연(超然)히 살아가도록 권하기도 한다. 그렇게 살기에는 남은 시간이 너무 길다. 새롭게 출발하는 인생 3막을 새로운 각오로 도전해 보자는 것이다. 그동안 직장생활을 통하여 형성된 자존심을 되찾고 지켜가는 노력이 필요하다. 구걸하거나 비굴하지 않으면서 자존심을 지키는 것이다. 혹시 모를 유혹에 무릎 꿇지 말고, 지나친 탐욕에 휩싸이지 않는 중심 잡힌 삶이 필요하다. 인생 2막까지의 경험을 되살려 새로운 가치를 부여하며 나만의 자존심을 지키며 의미 있는 일을 차곡차곡 쌓아 가는 것이 신중년의 마지막 자존심을 지키는 삶이 될 것이다.

7. 의미 있는 일을 찾아라

나는 바둑이 취미이다. 프로수준은 아니지만 내가 둔 바둑을 완전히 복기할 수 있다. 복기란 바둑이 끝난 뒤, 양 대국자가 그동안 두었던 한판의 바둑을 처음부터 끝까지 다시 되풀이하며 성찰(省察)하는 것을 의미한다. 그것은 바둑돌 한 점 한 점이 모두 의미를 가지고 있으며, 그때 그 순간에 내가 선택할 수 있는 최선의 결과로 그 돌을 바둑판 위에 놓았기 때문이다.

이와 같이 바둑수준이 일정수준에 도달하면 "의미 있는 돌들만을 놓게 되며 그때는 누구든지 복기를 할 수 있다"는 것이다. 바둑의 '의미 있는 돌들'을 생각하며, 오스트리아의 정신심리학자이며 대학교수였던 빅터 프랭클에 관한 글을 읽은 것이 생각났다. 그는 유대인이라는 이유 하나 때문에 3년이라는 세월을 나치의 집단수용소에서 지내야 했고, 그곳에서의 경험을 바탕으로 '로고테라피(의미요법)'라는 심리치료이론을 만들었다.

이 '의미요법'이란 어떤 상황에서도 그 나름대로 고유한 의미를 찾기만 하면 결코 삶을 포기하지 않는다는 것이다. 그는 그것을 확인이라도 하듯이 같은 수용소 동료들에게 "이렇게 고통스러운 삶을 살아가면서도 죽지 않는 이유는 무엇인가"라고 물어보곤 했다. 그들의 대답은 평범한 것이지만 나름대로 고유한 것(아내를 만나기 위해서, 아이들이 보고 싶어서, 내가 하던 일을 마무리해야 하는 등) 때문에 살아남는다는 것을 알아 낸 것이다.

국내의 한 대기업에 입사한 젊은 신입사원의 직장생활 사례가 의미하는 바가 크다. 입사 2년 때 그는 세탁기 성능실험 담당자 역할을 맡았다. 그는 어느 날 세탁기 3대를 놓고 시험 가동 중 주체할 수 없는 눈물을 흘리며 2시간 동안 내내 울었다고 한다. 실컷 울고 나서 왜 그렇게 울었나 하고 그 상황을 되돌아보았더니, 우선 그 시험가동 일에서 아무 의미를 찾지 못했고, 또한 그 의미 없는 일에서 탈출할 수 없을 것 같은 자신의 절박함 때문이었다고 한다. 그런 일이 있은 후, 그는 의미 있는 일을 찾으려 애썼고, 결국 해당 분야의 박사학위를 취득하였으며, 한걸음 더 나아가 지금은 다른 사람을 성장시키는 코치의 길을 열심히 걸어가고 있다고 한다.

건축현장에서 일하는 세 명의 벽돌공에게 신부님이 다가가 한 명의 벽돌공에게 "당신은 지금 무슨 일을 하고 있습니까?"라고 물었다. 그는 바쁘다는 표정을 지으며 "예, 지금 벽돌을 쌓고 있습니다"라고 말했다. 두 번째 벽돌공에게 똑같은 질문을 했다. 그는 짜증을 내며 "보고도 모르겠소? 난 지금 벽을 쌓기 위해 벽돌을 다듬고 있소"라고 퉁명스럽게 말했다. 마지막 세 번째 벽돌공에게 다가가 당신은 지금 무슨 일을 하고 있습니까?라는 질문을 하자 그는 환한 얼굴로 "예, 저는 지금 성전을 건축하는 일에 참여하고 있습니다"라고 즐거운 마음으로 대답했다고 한다.

세 명의 벽돌공이 하는 일은 동일하지만 그들이 생각하는 바에 따라 일하는 의미는 전혀 다르게 나타난다. 니체는 "삶의 의미를 아는 사람은 삶을 의미 있는 목적지로 데려갈 수 있다. 그리고 그 의미는 이미 '어떻게' 할 것인가를 품고 있다"라고 말했다. 그렇다, 오늘을 살고 있는 우리 모두는 자신에게 물어야 할 것이다.

내가 복기하고 싶은 내 삶의 가장 의미 있고 설레는 순간은 언제였으며, 나는 왜 오늘의 삶을 이어가고 있는가? 인생 3막을 준비하고 있는 신중년에게 나에게 남은 인생은 어떠한 의미를 가지며, 아울러 내가 살고 있는 사회와 국가에는 어떠한 의미가 있는가를 되새겨 볼 때 진정한 의미 있는 일을 발견하게 될 것이다.

혹시 당신에게 10살 미만의 손주가 있다면 당신의 삶은 중요한 이정표가 될 수 있다. 우선 그들과 나눌 수 있는 이야기의 주제가 얼마나 있는가? 손주가 궁금한 것을 물어 왔을 때 망설임 없이 이야기할 수 있는 준비는 되었는가? 손주가 읽고 있는 책의 제목이라도 알고 있는가? 그들이 궁금해 하는 질문을 귀찮게 여긴 적은 없는가?

당신의 손주는 친구들에게 조부모인 당신을 어떻게 자랑하고 있는가에 대하여 궁금해 본 적이 있는가? 혹시 게임이라도 하고 싶어 하면 손주와 함께 즐길 수 있는 준비가 되어 있어야 한다. 체스나 장기, 바둑을 가르쳐 달라고 하면 자신 있게 가르쳐 줄 수 있어야 한다. 모른다고 하면 손주와의 소통이 단절될 수도 있기 때문이다.

인생 3막을 살고 있는 신중년에게 가장 소중한 가치는 가족이다. 인생의 면류관이라고 하는 손주와 함께 할 수 있는 소통의 기재가 있다면 일단 안심이다. 적어도 그들에게 조부모가 의미 있는 존재라는 인식을 심어 줄 수 있기 때문이다.

부록

부록 1: 신중년의 5W-1H 재취업전략

부록 2: 인생 3막 재취업 성공 스토리

부록 1 신중년의 5W-1H 재취업전략

3막 인생을 맞이한 신중년에게 가장 먼저 하고 싶은 일을 물으면, 절반 이상이 '해외여행'과 '전원생활'이라고 답한다. 스트레스가 많은 현역에서 물러나 한가로이 여유로운 삶을 지내고 싶은 마음이야 이해할 수 있다. 그렇다면 '퇴직 축하금'이라도 미리 마련하여 이런 꿈을 실현한 퇴직자들은 행복한 삶을 계속 살고 있을까? 현실은 그렇지 못한 것 같다.

특히 많은 은퇴자의 경우 은퇴 후 2~3년이 지나면 밀물처럼 밀려오는 자유시간을 감당하기 쉽지 않다. 여행과 등산, 산책, 공연관람과 같은 취미, 여가생활을 열심히 하더라도 마음 한 구석을 차지하는 공허함은 지우기 어렵다. 자신의 삶이 어디로 가는지 모른 채 시간 때우기 식으로 보내는 취미, 여가생활은 곧 막다른 길에 부딪히기 때문이다.

따라서 인생 2막의 끝자락에 인생 3막을 위한 구체적인 계획을 세울 것을 권한다. "세 살 버릇 여든까지 간다"는 속담이 인생 3막에도 적용될 수 있기 때문이다. 인생 3막을 멋있고 의미 있게 보내기 위해서 인생 2막의 끝자락에 인생 3막에서 "하고 싶은 일, 가고 싶은 여행지, 되고 싶은 사람, 갖고 싶은 것"에 대하여 다시 정리해 봐야 할 것이다.

한편 재취업을 해야 할 상황이라면 취업준비를 위한 실천전략과

신중년의 5W-1H 재취업전략

목적, 이유

- 재취업을 해야 하는 목적은 무엇인가?
- 다른 길은 없는가?
- 간절한 이유는 무엇인가?

기간, 때

- 언제까지 일할 것인가?
- 3년, 5년, 7년, 10년, 그 이상
- 왜 그렇게 생각하는가?

취업준비방법

- 어떻게 준비할 것인가?
- 무엇을 준비할 것인가?
- 어디에서 준비할 것인가?

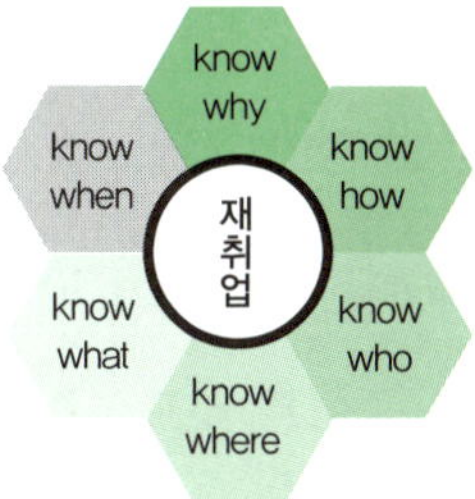

무엇을 할 것이가?

- 하고 싶은 일, 가고 싶은 여행지
- 갖고 싶은 것, 되고 싶은 사람
- 얼마나 가치 있는 일인가?

누구를 위한 재취업인가?

- 자신, 가족, 직장, 사회, 국가, 인류
- 휴먼 네트워크 만들기

기업, 규모, 지역 등

- 어떤 기업에 취업할 것인가?
- 기업분석(대기업, 중견기업, 소기업, 공기업 등)
- 어떤 지역(서울, 수도권, 지방 등)에 취업할 것인가?

진행사항을 일목요연(一目瞭然)하게 정리해 보는 것도 의미 있는 일이다. 자기 스스로 무엇을 어떻게 준비하고 있는가를 한눈에 볼 수 있도록 작성한 자료를 가지고 있다면 수시로 진행사항을 점검하고 부족한 부분을 보완하며 취업준비의 완성도를 높일 수 있기 때문이다.

취업은 나와 나를 필요로 하는 기업(일자)의 만남에서 이루어진다. 내가 아무리 원해도 기업(일자리)이 원하지 않거나, 기업(일자리)이 원해도 내가 원하지 않으면 취업성과는 이루어지지 않는다.

따라서 5W-1H전략은 취업준비를 하는 중요한 전략이자 수단이 될 수 있다. 각각의 전략에 대하여 혼자 생각하고 준비하는 것은 시간도 많이 걸리고, 준비과정에서 나태함에 빠지기 쉽다. 따라서 각종 교육과정을 이수하며 동문수학하는 동료들과 각각의 항목에 대하여 질문하고, 대화하며, 토론과정을 거쳐 다른 사람과 생각을 교류하며 완성도를 높여 가는 실천전략이다.

Know Why: 왜 취업을 해야 하는가?

퇴직은 있어도 은퇴까지는 아직 많은 시간이 남았다. 자녀교육과 부모부양 등 재정지출이 줄어든 것도 아니다. 따라서 재취업을 준비하는 당신은 다음 질문에 자기 나름의 답을 찾아보아야 할 것이다. 이러한 질문에 답할 수 있을 때 에너지가 생기며, 나에게 맞는 전략을 구상할 수 있고, 방법을 강구할 수 있기 때문이다.

- 왜 꼭 취업을 해야 하는가?
- 취업해야 하는 이유와 목적은 분명한가?
- 취업하지 않고 창업을 하면 어떻게 해야 하는가?

Know What: 무슨 일을 하고 싶은가?

취업하기로 결정했다면 다음 사항에 대하여 스스로 답을 찾아가는 노력이 필요하다. 혼자 하기 힘들면 동문수학하는 친구와 같이 하브루타방법으로 질문과 토론을 통하여 최선의 방법을 찾아야 한다. 이것이 3막 인생의 출발이 될 수 있기 때문이다.

- 어떤 분야(업종, 직종)에서 직업생활을 하고 싶은가?
- 전공분야와 동일한 분야에서 직업을 찾을 수 있는가?

- 내가 진정 하고 싶은 일과 잘할 수 있는 일은 무엇인가?
- 내가 삶의 가치로 여기고 있는 일은 무엇인가?
- 내가 원하는 직업과 가치 있는 삶을 연계시킬 수 있는 방법은 무엇인가?

Know When: 언제부터, 언제까지 일을 할 것인가?

계획대로 잘 진행되지 않을 수도 있지만 자신이 생각하는 인생 3막의 로드맵을 작성하는 것이 필요하다. 기적을 이루는 것도 원하는 것을 기록하는 것에서 출발한다. 인생 3막을 기적과 같이 시작하고 싶은 마음을 갖는 것은 탐욕은 아닐 것이다.

- 퇴직 후 3개월~6개월까지 하고 싶은 일은 무엇인가?
- 퇴직 후 6개월~3년 이내에 하고 싶은 일은 무엇인가?
- 퇴직 후 3년~7년까지 하고 싶은 일은 무엇인가?
- 7년 이상 계속하고 싶은 일은 무엇인가?
- 이런 일들은 얼마나 가치 있는 일인가?

Know Where: 일하고 싶은 지역, 기업은 어디인가?

인생 3막의 일자리는 내가 마음먹은 대로 잘 이루어지지 않을 수 있다. 인생 2막의 주된 일자리를 구할 때도 일하고 싶은 지역이나 기업의 유형에 따라 많은 고민을 했지만, 3막 인생의 일자리도 이러한 요소를 간과할 수는 없는 일이다.

우선 건강관리가 가장 중요한 과제로 등장한다. 가족과 떨어져

일한다는 것은 신중년에게는 큰 모험일 수도 있다. 자칫 잘못하다가는 더 큰 것을 잃을 수 있기 때문이다.

개인별 상황에 따라 다르기도 할 것이지만, 부양할 자녀나 부모가 있을 경우는 기업의 규모보다 가족이 함께 살 수 있는 지역을 우선적으로 고려하는 것이 더 바람직하다. 부양의무가 없는 부부라면 지역보다 일자리가 우선 고려대상이 될 수 있다. 이때는 취업 이후 직업의 안정성을 우선 고려하고, 기업의 규모, 임금수준 등은 후순위로 고려하는 것도 바람직하다.

취업 목표기업을 선택하는 것은 1단계 취업전략의 마지막 단계이다.

- 내가 취업하고 싶은 기업의 규모는 대기업, 중소기업, 중견기업 중 어디인가?
- 내가 취업하고 싶은 기업의 소재지는 마음에 드는가?
- 왜 이 기업을 선택하는가에 대하여 구체적인 이유를 작성하라(3가지 이상).
- 입사 3년, 5년, 7년, 10년 후 자신의 비전을 구체적으로 작성해 보라.
- 지원하는 직무에 대한 구체적 직무내용을 NCS기준을 찾아 확인해 보라.

Know Who: 누구를 위해 취업해야 하는가?

취업준비를 하며 누구를 위해 취업을 해야 하는가에 대하여 질문해 보는 것도 의미 있는 일이다. 특히 3막 인생을 맞이하여 재취업의 당위성을 성찰(省察)해 보는 것은 특별한 의미가 있다.

인간의 욕구를 달성할 수 있는 유일한 방법은 직업을 갖는 것이다. 직업이 없이는 어떠한 욕구도 이룰 수 없을 것이다. 따라서 직업을 갖는 것은 '나'의 삶을 유지하기 위한 가장 기본적이며, 가장 중요한 가치의 실현이라고 할 수 있다. 직업활동은 아무도 나를 대신해서 할 수 없으며, 그렇게 해서도 안 되는 것이기 때문이다.

인생 2막까지의 직업활동이 가족이라는 울타리를 지키기 위해 나를 희생하는 삶이었다면, 3막 인생을 위한 직업활동은 오직 '나' 자신을 위한 선택에서 출발하는 것이 바람직하다. 이렇게 시작한 3막 인생이 가족, 직장, 사회, 국가, 인류까지 이어지는 직업관의 확장은 마침내 봉사와 나눔의 의미를 찾아 가는 사회공헌가치를 확산시키고, 이는 3막 인생의 보람을 찾는 계기가 될 수 있을 것이다.

Know How: 어떻게 준비해야 하는가?

"나를 알면 직업이 보이고 기업을 알면 일자리가 보인다."

신중년의 재취업은 대부분 경력직으로 일자리를 구하게 된다. 2막 인생에서 자신이 경험한 직업활동(직무내용)이 앞으로 취업하고자 하는 일자리와 얼마나 잘 맞는가가 핵심과제다. 신입사원이라면 별도의 교육훈련을 시켜 적응기간을 둘 수 있지만 경력사원의 경우 즉시 현장 투입이 가능한 역량을 갖추고 있어야 한다. 직무전문성은 신중년 재취업의 최고 경쟁력이다. 다양한 직업기초능력은 조직문화에 적응하는 데 필요하다.

2019년 5월 20일 전경련중소기업협력센터는 구인구직포털 벼룩

시장 · 알바천국과 공동으로 중소기업 238개사를 대상으로 '중소 · 중견기업의 신중년 채용계획 및 채용인식 실태조사'를 실시한 결과를 보면, 2019년 채용계획이 있다고 밝힌 기업은 62.6%로 집계됐다고 밝혔다.

중소기업들이 신중년을 채용할 때 우선 고려하는 사항(직업기초능력)으로 '성실성 · 조직충성도 등 인성'(34.9%)을 가장 많이 꼽았다. 이어 '기업문화, 기존 직원과 소통할 수 있는 조직융화력'(24.1%), 건강(15.7%), '직무역량, 업무 전문지식'(15.7%) 등이 뒤를 이었다.

신중년들이 구직 때 어려움을 호소하는 '나이'를 우선 고려한다는 응답은 4.6%에 그쳐 채용기업과 구직자가 느끼는 연령에 대한 인식 차이가 있음을 보여줬다고 밝혔다. 아울러 "신중년 채용이 신입채용보다 어려운가"라는 질문에 "그렇다"고 응답한 기업이 38.9%로 "그렇지 않다"는 응답(26.9%)보다 많았다.

신중년 채용이 어려운 이유로는 "희망임금이 높아 임금협상이 어려워서"가 23.2%로 가장 많았고, "회사문화, 기존 직원과 융화가 어려워 보여서"(22.7%), "채용직무에 적합한 지원자가 많지 않아서"(18.0%) 등의 순으로 조사됐다.

신중년을 채용한 경험이 있는 기업 10곳 중 7곳(69.9%)은 "경영성과에 도움이 됐다"고 평가했다. 이들 기업은 신중년이 기여한 분야로 "업무 충성심, 성실성으로 일하는 분위기 쇄신"(29.8%), "축적된 경험과 노하우 전수"(27.8%), "업무 효율성 제고와 조직문화 개선"(16.0%) 등을 꼽았다.

따라서 취업준비의 구체적 방법을 다음과 같이 정리할 수 있다.

- 자기분석을 통하여 인성, 적성, 리더십, 인간관계, 전문성 등을 분석해야 한다.
- 하고 싶은 일에 대한 분석이 중요하다.
- 재취업 현장에서 이루어지는 직무내용과 실태를 분석해야 한다.
- 취업하고 싶은 기업의 정보(인재상, 기업문화, 비전)를 파악해야 한다.
- 전 직장에서의 직무성과를 시계열적으로 정리해야 한다.
- 지원하는 직무와 관계되는 직무경험을 독창적으로 정리해야 한다.
- 입사지원서(이력서, 자기소개서) 작성 및 면접시험 준비를 철저히 해야 한다.

취업준비방법의 핵심은 자기소개서 작성과 면접전형에 대비하는 것이다.

첫째, 자기소개서는 '나'라는 제품의 사용설명서에 해당하는 중요한 부분이다.

아무리 좋은 제품을 구입해도 어떻게 사용하는가를 알지 못하면 무용지물(無用之物)이 되기 때문이다. 자기소개서는 지원자의 특징을 기업이 원하는 조건에 맞도록 작성한 '자기 사용설명서'에 해당한다고 할 수 있다.

둘째, 면접전형은 제품의 작동상태와 성능을 확인하는 테스터과정이다.

노트북을 구입할 때 제품설명서에 제시된 내용들이 실제 구동상태에서 정확히 구현되는가를 확인하는 것과 같다. 입사지원서에 기술된 내용과 직업인이 갖춰야 할 직업기초능력(지식, 기술, 태도)을 갖추었는가를 질문, 대화, 토론 등의 방법으로 확인하는 과정이다.

이와 같이 마지막 Know How단계에서는 지금까지 준비된 사항을 종합적으로 분석하여 자기소개서 작성을 위한 글감과 면접전형에 대비하는 말감 작성에 집중해야 한다.

마지막으로 취업준비는 빠를수록 유리하다.

대졸 신입사원일 경우 학교에서 지원하는 다양한 취업지원프로그램을 통하여 취업역량을 향상시킬 수 있으나, 신중년의 경우 이러한 기회를 갖기가 어렵다. 신중년의 취업준비는 오직 자신의 의지와 결단에 따라 이루어질 수밖에 없다. 퇴직 후 전직 또는 재취업을 희망할 경우 최소한 5년 이상의 준비가 필요하다. 따라서 현직에 있을 때부터 퇴직 이후의 삶에 대하여 진지하게 고민해야 한다. 차일피일 미루다 보면 아무런 준비도 못한 상태에서 퇴직을 맞이하게 된다.

2016년 국내의 대기업에서 54세에 퇴직하고 재취업을 준비하는 인력 15명을 대상으로 100시간의 교육과정을 개발 · 운영한 경험이 있다. 이들의 대부분은 대졸 후 신입사원으로 입사하여 줄곧 한 직장에서 20~25년을 보냈다. 재직 중에 자기소개서를 한 번도 작성해 본 경험도 없고, 전직을 고민해 보지도 않았다. 이들은 2년 전에 회사의 조기퇴직자 명단에 포함되었다는 소식을 듣고 앞이 캄캄했다고 한다. 회사에서 협력업체 몇 군데에 재취업을 추천했으나 마음에 들지 않아 교육과정에 참여하여 체계적으로 재취업준비를 하게 되었다고 한다.

좀 더 일찍 퇴직 이후의 삶에 대하여 고민하고 준비하지 못한 것에 아쉬움이 크다고 했다. 따라서 퇴직 후 재취업은 필수라는 점을 인식하고 재직 중에 재취업에 필요한 역량은 무엇인지를 파악하고 부족한 것을 미리 학습해야 한다. 회사에서 지원하는 재직자역량개발 교육과정에 참여하거나 정부(고용노동부)에서 지원하는 교육프로그램에 참여하여 필요로 하는 역량을 체계적으로 익힐 것을 권유한다.

재취업을 위한 마지막 점검

주된 일자리에서 퇴직하고 새로운 일자리를 얻기 위해서는 철저한 준비와 전략이 필요하다. 원숭이는 정글에 살아야 하고, 송충이는 솔잎을 먹어야 하며, 누에는 뽕잎을 먹어야 명주실을 만들어 낸다는 기본원리는 인생 3막 재취업전략에도 적용된다. 일반적으로 통용되는 재취업 성공전략을 살펴보면 다음과 같다.

첫째, 전문기관이나 전문컨설턴트의 도움을 받는다.

재취업이나 전직분야를 전문으로 하는 헤드헌터, 전문컨설턴트나 공공기관의 도움을 받아 전략적으로 준비하는 것이 필요하다. 혼자서 준비하는 것보다 전문가의 도움을 받는 것은 다양한 정보를 구할 수 있고, 고용시장 상황을 빨리 파악할 수 있기 때문이다.

둘째, 비정규직을 거쳐 정규직에 도전한다.

재취업을 위해서는 계약기간에 유연한 탄력성을 가져야 한다. 인생 3막으로 정규직 일자리를 얻기 위해서는 관련분야에 상당한 경력이 있다면 당당히 지원할 수 있을 것이다. 그렇지 않다면 계약기간에 구애받지 말고 비정규직이라도 재취업을 시도하는 것이 바람직하다. 일단 일자리를 구하고 작은 경력이라도 쌓아야 경력직 채용에 재도전할 수 있기 때문이다.

셋째, 특정 지역을 고집하지 않는다.

개인별 상황에 따라 다를 수도 있지만, 건강나이가 허락한다면 특정지역을 고집하여 취업기회를 놓치지 않기를 바란다. 혼자 생활해야 하는 여건이라도 일단 재취업 일자리가 있다면 도전해 보는 것이 좋다. 가족과 함께 살 수 있다면 좋겠지만 여건이 그렇지 않다면 이런 환경에도 적응해 보고 다음 기회를 찾아보는 것도 차선책은 될 수 있다.

넷째, 재취업 희망분야에 대한 역량을 키운다.

경력직 채용에서의 핵심요건은 직무와 관련된 전문역량이다. 기업 입장에서는 경력직을 채용하여 기업의 당면과제를 해소할 수 있거나, 생산성 향상에 도움이 될 수 있는 인재라면 채용을 마다하지 않을 것이다. 이런 경우 다른 어떤 조건도 뛰어넘고 취업성과를 달성할 수 있을 것이다. 따라서 재직 중에 자신의 경력관리를 철저히 해야 한다. 최소한 3년 주기 자신의 직무성과를 프로젝트관리시스템에 따라 실적을 관리할 것을 권한다. 이런 과정을 거쳐 새로운 학습기회를 발견하고, 자신의 역량을 개발한다면 3막 인생의 삶도 보람 있는 삶이 될 것이다.

다섯째, 몸값을 낮춘다.

3막 인생을 준비하는 신중년이 넘어야 할 허들 중 가장 어려운 부분이 몸값을 얼마나 낮출 수 있는가를 결정하는 것이다. 특히 인생 2막을 대기업이나 공기업 등의 안정된 곳에서 일했다면 몸값 낮추기가 더욱 어려울 것이다. 2019년 중소기업에서 신중년을 경력직으로 채용하여 지급하겠다는 보수수준은 평균으로 월 276만 원(연봉 3,300만 원)인 것으로 조사됐다. 물론 직무내용에 따라 다를 수 있겠지만, 자신이 생각하는 것과는 상당한 괴리가 있을 수 있다.

최근 대학에서 각종 국책사업에 참여하기 위해 대기업 등에서 전공분야 실무경력이 풍부한 교수요원(비정년, 계약직)을 채용할 경우 이들에게 제시되는 보수는 월 250~375만 원(연봉은 3,000~4,500만 원)수준이다. 이들이 받는 보수수준을 전(前) 직장에서 받았던 보수와 비교해 보면 평균 25~30%수준으로 책정된다.

여섯째, 평판을 관리한다.

경력직 채용의 경우 입사지원서 평가, 면접전형 등의 정해진 입사지원절차에 따라 채용과정을 거치기는 하지만 헤드헌터의 추천으로 채용되는 경우도 있다. 어떠한 경우라 하더라도 경력직의 경우 전 직장에서의 평판조회는 필수적으로 이루어진다. 전 직장에서의 동료, 후배, 선배, 협력사 관계자, 기타 관계자 등을 통하여 지원자의 평판을 조사한다. 이 경우 평판조사결과는 다른 어떤 스펙보다 우선하여 능력보다 큰 힘을 발휘한다. 따라서 퇴직 후 재취업을 할 경우를 예상하여 최소한 퇴직 5년 전부터 자신의 평판을 철저히 관리해야 한다.

"그분 정말 훌륭한 분입니다. 역량도 뛰어나고, 성품도 온화하여 주변에 많은 사람들이 그와 함께 일하고 싶어 했습니다. 이런 분을 경력직으로 채용하신다니 정말 행운입니다. 축하드립니다."

이 정도의 평판조회를 받을 수 있다면 재취업은 반드시 성과를 낼 수 있을 것이다.

❙ 부록 2 ❙ 인생 3막 재취업 성공 스토리

1. 나만의 핵심역량은 무엇인가?

K○○ 씨(56세)는 중견기업에서 25년간 재직했다. 마지막 직급은 부장이었으며, 회사 사정으로 명예퇴직을 신청하여 자발적 실업자가 된 셈이다. 사전준비 없이 갑자기 다가온 퇴직이라 처음에는 당황스럽기도 했지만, 그래도 그동안의 경험 등으로 재취업은 별로 걱정하지 않았다고 한다. 일단 심신을 달래기라도 할 겸 3개월간 국내 여행을 하며 새로운 일자리를 찾기로 했다. 주된 일자리에서 퇴직한 후 1달이 지났을 때 재취업이 자신의 생각과는 너무 다르다는 것을 실감했다고 한다.

내 사무실을 찾아온 그의 첫 인상은 사뭇 진지했다. 중견기업에서 명예퇴직하고, 3개월 후에 재취업을 하기로 마음먹고 수소문 끝에 나를 찾아온 것이다.

처음 말문을 열었을 때 그는 "경력이 있고, 전문성이 있으니 재취업 일자리를 구하는 것은 별 어려움이 없을 것으로 생각했다"고 한다.

첫 면담 이후 나는 K씨와 직접 대면하지 않고, 이메일과 전화로 컨설팅을 진행했다. 그동안 인생 2막에서 K씨가 성취한 성과를 최근 3년, 5년, 7년, 10년 단위로 정리하는 과제를 부과했다. 다행히 컴퓨터는 무리 없이 활용하고 있었으나, 기획서 작성역량이 다소 미흡해 보였다. 보편적인 자기소개서를 작성하도록 했으나 핵심내용이 없었다. 최근 10년 이내에 한 번도 자기소개서를 작성해 본 경험이 없다고 했다.

그는 나에게 재취업에 필요한 핵심역량이 무엇인지를 물었다. 아울러 자신이 생각하고 있는 기업에 대하여 자세히 알아 보기 위해 어떻게 접근해야 하는지에 대해서도 물었다. 이러한 질문들에 자세하고 친절하게 답변해 줬다. 마침 내가 잘 아는 분야에 대한 질문이라 큰 어려움 없이 다양한 자료를 제공할 수 있었다.

K씨는 인생 2막을 살아오면서 세 번 정도 직장을 옮긴 경험이 있었다고 했다. 주로 담당했던 직무는 영업분야라고 했다. 그러나 지금은 영업분야보다 다른 분야에서 재취업하고 싶다고 했다.

그가 작성한 자기소개서와 경력증명서를 살펴보니 그는 기술영업과, 해외영업, 공정관리 등에서 성과를 낸 것으로 분석되었다. 재취업은 기존에 담당했던 직무와 동일하거나 유사한 분야에서 일자리를 찾는 것이 바람직하다. 전혀 다른 분야에서 일자리를 찾는 것은 성공 확률이 낮을 수밖에 없다. 그리고 퇴사한 지 3개월 정도 지났지만 가능한 빨리 취업하고 싶다고 했다.

그에게는 오픈 잡(open job) 정보를 매일 찾아볼 것을 부탁했다. 고용노동부 고용복지플러스센터를 방문하여 구직신청을 하도록 했다. 재취업상담도 신청하도록 했다. 전문경력을 활용하기 위해 헤드헌터를 통한 취업준비방법들도 설명했다.

재취업활동의 핵심과제인 입사지원서 작성 컨설팅을 위해 직무분석과 역량분석도 했다. 과거 수행 직무의 성과를 중심으로 경력사항이 채용담당자의 눈길을 잡을 수 있도록 여러 번의 수정작업을 거쳤다. 그렇게 전직활동이 진행되는 동안 그는 영업분야에서 마케팅업무를 해보고 싶다고 타협안을 제시했다.

처음에는 영업분야가 아닌 다른 분야에서 일자리를 찾고자 했으나, 몇 차례의 설득과 K씨의 경험에 견주어 볼 때 영업분야가 가장 잘 맞는 것으로 분석되었기에 강력히 권장했다.

컨설팅을 시작하고 한 달 정도까지는 여유롭던 그가 어느 날부터는 다소 초조해 보였다. 수차례의 입사지원서를 이메일로 보내고 면접 초대를 기다렸으나 한 달 동안 단 한 건의 초청도 없었기에 취업시장의 냉혹함에 다소 실망했을 것이다. 그러는 사이에 두 달째가 시작되었다.

평소에 잘 아는 후배로부터 경력사원 채용계획이 있는 한 기업을 소개받았다. 하지만 그 기업은 40대 중반의 경력자를 찾고 있었다. K씨는 나이가 많다는 이유로 면접 초대를 거절당했다. 그래서 나는 “나이는 숫자에 불과하다는”라는 것을 증명하기 위해 ‘맞춤형 전략’을 작성하기로 했다. 해당 기업을 철저히 분석해 시장분석은 물론 재무분석까지 했다. 경쟁상대분석도 했다. K씨의 전문경험을 이 기업에 접목시켰을 때 예상되는 성과도 제시했다. 이러한 자료를 작성하기 위해 K씨는 해당 기업을 직접 방문하여 마케팅전략을 최종적으로 작성했다. 자기소개서와 함께 이를 제출했다.

이러한 과정을 거친 후 진인사대천명(盡人事待天命)이라는 자세로 기다리기로 했다. 마침내 5일 후에 1차 면접에 초대되었다. 예상 질문지를 만들며 3일간 컨설팅을 했다. 1차 면접까지 마쳤지만 2차 면접 초대가 오지 않았다. 그 기업은 K씨가 해외 마케팅경험이 부족하다며 2차 면접 초대를 망설이고 있었다. 여러 경로를 통하여 2차 면접에 참여기회를 달라고 요청했다. 그 결과 1주일 후에 2차 면접에 참여할 수 있었다. 이제는 결과를 기다리는 수밖에 없었다. 그는 담담한 마음을 감추지 못하고 해외 마케팅에 대한 공부를 하기 시작했다. 마침 K씨는 영어 구사능력이 우수한 편이라 마케팅이론 분야만 좀 보완하면 큰 어려움 없이 직무를 수행할 수 있다고 생각했다. 이 기업 CEO가 K씨와 최종면접을 보고 K씨의 경력에 많은 점수를 부여하고, 관심을 갖게 되었다고 한다.

1주일 후에 그 기업에서 연락이 왔다. 그와 연봉협상을 통하여 채용절차를 밟아 보자는 제안이었다. 그동안 재취업준비과정에서 기업에 대한 철저한 분석과 전직에서의 경력이 더하여 자기 기업의 애로를 해결할 수 있는 적임자로 선택되었다고 한다. 인사담당자는 수많은 지원자들과 면접을 했지만 대다수가 K씨만큼 적극적이고 전략적으로 준비하지 못했다는 말을 했다. 전직이 결정되고 1개월이 지났을 때 첫 월급을 받았다며 저녁 초대가 있었다. 그 제안에 기쁜 마음으로 자리를 함께 할 수 있었다.

그동안 재취업준비를 하면서 가장 도움이 되었던 점은 무엇이었냐고 물었다. 그는 그동안의 기억을 떠올리며 다음과 같이 말했다.

"그동안 인생 2막을 살아오면서 미래를 준비하지 못하며 살았는데 막상 명예퇴직을 하고 재취업을 하고자 할 때 앞이 캄캄했습니다. 이력서와 자기소개서 작성, 면접준비를 위해 기업을 분석하고, 적성과, 성격, 그동안의 성과를 정리하며 재취업으로 나눌 수 있는 핵심역량을 찾는 것이 어려웠는데, 이러한 상황을 잘 이해해 주시고, 전문적인 컨설팅을 통하여 관련 자료를 작성할 수 있도록 도와주셔서 감사드립니다."

재취업 컨설팅 포인트

- 인생 2막을 통하여 재취업으로 나눌 수 있는 축적된 핵심역량이 무엇인지 파악하고 인사담당자의 관심을 끌 수 있도록 전략적으로 접근한다.
- 나이는 숫자에 불과하고 결정적인 걸림돌이 되지 않는다는 자신감을 갖는다.
- 입사지원서와 자기소개서는 자신의 장점을 한눈에 어필할 수 있도록 준비한다.

2. 잘할 수 있고, 가치 있는 일은 무엇인가?

P○○ 씨(58)는 S전자에서 25년 동안 재직하고, 정년퇴직한 엔지니어였다. 1남 1녀의 자녀와 비교적 화목한 가정을 이루며 살았다.

결혼을 늦게 한 탓에 막내가 아직 대학 1학년에 재학 중이었다. 재직 중에는 자녀교육비 등이 전액 회사에서 지원되었으나, 정년퇴직과 함께 막내의 대학 등록금 지원이 중단되고 자비로 부담해야 할 실정이었다. 퇴직 후 잠시 휴식을 취한 후, 재취업하기로 마음먹고 일단 3개월을 쉬기로 했으나, 1개월이 지났을 때 재취업이 만만치 않다는 것을 알았다.

따라서 가능한 빠른 시일 내에 새로운 일자리를 찾아 재취업을 해야 한다는 생각에 다소 마음이 조급해지기도 했다. 다급한 심정으로 나를 찾아왔으며 전후 사정을 듣고 나도 다소 부담을 느낄 수밖에 없었다. P씨는 고학력의 고급인력인 점이 재취업 일자리를 찾기가 어려울 수 있다는 생각이 들었다.

1시간의 면담을 통하여 P씨에 대한 기본적인 자료를 파악할 수 있었다. P씨는 재료공학을 전공하고 일본 유명대학에서 박사학위를 취득했다. 전 직장에서 많은 성과를 내고 임원 승진 후보자가 되기도 했다.

먼저 개인역량을 분석했다. 3년, 5년, 7년, 10년 전을 기준으로 직무와 관련된 성과를 작성하기로 했다. 지정된 서식에 따라 성과를 중심으로 재취업으로 나눌 수 있는 역량이 무엇인지를 작성했다. 자신이 재취업하고 싶은 기업이 필요로 하는 것이 무엇인지도

분석했다.

컨설팅이 진행된 3주가 되는 때에 수원 인근의 모 대학으로부터 현장경험이 풍부한 무기계약직 교수를 채용한다는 정보를 들었다. P씨의 역량을 분석해 본 바 적임자가 될 수 있다는 확신이 들었다. 24년간 대학에서 근무한 경험이 있는 나는 P씨에게 이 자리를 적극 추천했다. 처음에는 다소 망설였으나, 곧 동의를 하고 이 대학의 무기계약직 교수 모집에 지원하기로 하고 입사지원서를 작성했다. 다행인 것은 P씨의 경력이 이 대학에서 채용하고자 하는 전공분야와 거의 일치했다.

전 직장에서의 업무실적을 계량적으로 작성하고, 대학 교육과정에 활용할 수 있는 강의용 콘텐츠도 작성했다. 그러나 P씨에게 부족한 것은 강의 경력이었다. 1단계 서류전형을 통과하면 2단계 면접에서는 20분의 강의 시연으로 평가한다. 이러한 절차를 감안하여 4주 차부터 강의 시연 면접을 준비했다. PPT를 활용하여 20분 강의안으로 10페이지를 작성하고, 예상 질문도 만들었다. 모의 강의를 통해 강의 스킬을 향상시키는 노력도 했다.

1단계 서류전형에서는 전 직장에서의 경험을 중심으로 대학에서 요구하는 사항을 프로젝트 형식으로 작성하기로 했다. 특히 문제해결역량을 강조할 수 있도록 작성했다. 5개 분야에 50개의 질문지를 만들어 이에 합당한 답변을 준비했다. 최선을 다한 결과 1차 서류전형을 통과하고, 2단계 면접에 초대되었다.

2단계 면접에서는 강의 시연으로 진행되었다. P씨와 함께 준비한 강의시연 자료는 강의 경험이 풍부한 컨설턴트로부터 전폭적인 지원을 받았다. 마침 P씨는 PPT 작성능력이 대단히 우수했으나, 발음이나 표현력에서 다소 무리가 있었다. 심한 지역 사투리는 듣는 사람에게 부담을 줄 수 있을 정도였다. 그러나 이는 쉽게 바꿀 수 있는 역량이 아니었다. 이 부분을 보완할 수 있는 역량이 무엇인지 찾아보기로 했다.

마침 모집분야에 강의보다 연구분야에 중점을 둔 분야가 있었기에 이 분야에 강점이 있음을 강조하기로 했다. 경험에 의하면 일단 합격한 이후에는 강의와 연구분야가 명확히 구분되지 않는 것이 대학교원의 지위다.

2단계 면접의 강의 시연과정에서 강의보다 연구업적과 향후 역할을 강조했다. 2단계 면접에는 동행 면접을 했다. 20분의 강의 시연과 간단한 질문으로 이루어진 2단계 면접도 무난히 마칠 수 있었다. 총지원자 4명 중 1명을 최종선발한다고 한다. 경쟁률이 4대 1이다.

1주일 후에 최종합격자로 선정되어 합격통지를 받았다. 마지막 남은 신체검사는 흡연과 음주를 하지 않는 P씨에게는 특별한 결격사유가 없었다. 마침내 P씨는 2017년 8월부터 이 대학의 무기계약직 교수로 채용되었다. 3막 인생을 대학교수로 시작하게 된 것이다. 2019년 현재 3년째 재직 중이다. 학생들을 가르치고 그들과 토론하는 것이 너무 재미있다는 P씨, 인생 3막을 시작하면서 가치 있는 일을 찾았다고 자랑한다.

P씨는 대기업에 근무한 25년 동안 단 한 번의 전직도 없었다. 이력서나 자기소개서를 단 한 번도 써 보지 않았다고 한다. 58세에 정

년퇴직을 했지만 재취업은 큰 걱정 없이 할 수 있으리라는 기대가 무너졌을 때가 가장 힘들었다고 했다.

무기계약직 교수는 65세가 정년이다. 자신의 역량에 따라 정년 이후에도 계속 근무가 가능하다. 조직에 도움이 되는 인재는 정년도 연장이 가능하다.

재취업 컨설팅 포인트

- 준비하는 자에게 기회는 찾아온다. 재취업에 필요한 역량을 중심으로 입사지원서를 작성하고 강점을 중심으로 면접을 준비해야 한다.
- 잘할 수 있는 일, 하고 싶은 일, 가치 있는 일을 중심으로 자신의 역량을 정리해야 한다.

3. 재취업은 경력관리가 핵심이다

올해 52세인 Y○○ 씨는 대학에서 화학공학을 전공했다. 대학졸업과 동시에 중견기업에 취업하여 22년간 다니다 회사 사정으로 퇴직했다. 퇴직 이후 4개월 동안 재취업을 위해 제출한 이력서는 약 50통, 그 중 면접 제의를 받은 곳은 10곳 정도라고 한다.

이런 상황에서 재취업 컨설팅을 받기 위해 나를 찾아왔다. 그는 22년의 경력을 가지고 있지만, 한 분야에서의 전문적인 직무를 한 것이 아니라 입사 10년차부터 관리자로 직무를 수행해 왔기에 자신의 전문적인 역량을 높여 재취업을 하고 싶다고 했다.

그는 재취업과정에서 있단 실패가 있었지만 자신감은 충만했다. 특히 자신이 전직에 실패한 원인을 나름대로 스스로 분석하고 보완하여 다음 구직지원에 참고하는 전략을 기본적으로 가지고 있었다.

Y씨와 나는 그동안의 경력을 구체적으로 분석하기로 했다. Y씨는 공정관리분야에 10년, 품질관리분야에 7년, 협력업체관리분야에 5년 정도 경력이 있는 것으로 분석되었다.

Y씨가 가장 재미있게 일한 분야는 공정관리와 품질관리분야였음을 확인할 수 있었다. Y씨와 컨설팅을 통해 재취업분야를 채용수요가 있는 중소기업의 제조공정분야 및 품질관리분야 전문기술직으로 결정했다. 그리고 그와 함께 입사지원서 확인에 들어갔다. Y씨가 그동안 작성한 입사지원서의 이력서 양식은 인터넷에서 한 회사의 양식을 다운받아 그 양식에 따라 작성하고 여러 기업에 제출한 것으로 확인되었다. 대부분의 기업에서는 기업 고유의 입사지원서

양식을 갖추고 있다.

대부분의 기업에서는 지정된 서식에 따라 입사지원서를 작성하여 지정된 기일 내에 인터넷으로 제출하는 과정을 거치고 있다. 따라서 Y씨와 나는 개별 기업의 서식에 따라 입사지원서를 작성하기로 했다.

전 직장에서 경험한 직무를 중심으로 성과 위주의 자기소개서를 작성했다. 지원분야와 유사한 직무를 찾아 성과를 연계시키고, 향후 입사 후 기여할 수 있는 내용을 중심으로 작성했다. 특히 면접과정에서 질문이 예상되는 부분을 강조하며 Y씨의 역량이 드러날 수 있도록 작성했다. 공정관리와 품질관리를 통해 원가절감 실적을 계량화하여 작성했다.

입사지원서를 적성하는 데 5주간의 컨설팅기간이 걸렸다. 4차례의 숙의과정을 거쳐 입사지원서(이력서, 자기소개서)의 내용에 만족도가 높아졌다.

다음 단계로 면접 컨설팅을 실시하기로 했다. 입사지원서를 기반으로 면접과정에서 예상되는 질문으로 4개 분야 40문항을 개발했다. Y씨와 나는 일대일 모의면접을 실시했다. 하루 3시간씩 5일간 진행되었다. 어떤 질문이 나와도 대응할 수 있도록 키워드 중심으로 준비했다.

그동안 Y씨는 준비 없이 면접에 참여하여 10차례 면접시험에 응했으나 그때마다 고배를 마셨다. 모의면접 컨설팅을 통하여 Y씨는 자신감을 갖게 되었다고 말했다. 그동안의 면접과정을 리뷰해 보고, 자신이 부족한 점이 무엇인지도 파악했다.

나와 함께 모의면접과정의 부족한 점을 보완했다. 이러한 과정을 거쳐 Y씨는 점차 자신감을 갖게 되었다. 특히 그동안의 면접과정을 살펴본 결과 Y씨의 단점으로 자기소개서 작성에서 지적한 바와 같이 자신의 핵심역량에 대한 표현과 전달능력이 부족하다는 것을 발견했다. 한편 영어 스피치에서도 핵심부분을 벗어난 내용으로 시간을 소비한 것도 발견했다. 이러한 점을 보완하여 면접에서의 전달력을 강화할 수 있도록 S.T.A.R.(Situation · Task · Action · Result) 기법을 도입하여 수차례의 모의면접과정을 거쳐 추후면접에서는 자신의 역량과 자질을 면접관에게 더욱 효과적으로 전달할 수 있도록 전략을 세웠다.

Y씨는 3개월의 컨설팅기간을 통해 구직활동은 개인의 역량 마케팅을 중점적으로 접근하는 것이 바람직하다는 것을 알게 되었다고 했다. Y씨는 열심히 구직활동을 했음에도 불구하고 4개월의 컨설팅을 진행했으나 재취업에 성공하지는 못했다. Y씨는 재취업 컨설팅을 통하여 재취업이 결코 쉽지는 않다는 것을 인식하게 되었다고 소회를 밝혔다. 그러나 Y씨는 그동안 많은 준비를 했다. 좋은 성과로 그의 재취업 성과가 이루어지기를 기원한다.

재취업 컨설팅 포인트

- 입사지원서는 취업을 위한 기획서다. 이력서는 단순히 빈칸을 채우는 것이 아니라 자신이 어떤 제품인지를 자세히 알게 하는 제품 카탈로그이다.
- 자기소개서는 제품을 어떻게 사용할 것인가를 설명하는 제품

사용설명서이다.

- 값비싼 전자제품을 사놓고 그 용도가 무엇인지, 어떻게 사용할 것인가를 모른다면 무용지물이다.
- 재취업을 준비하는 구직자는 자신의 전 직장에서의 직무경험이 무엇이며, 이를 어떻게 활용하여 성과를 낼 것인가를 구체적으로 작성하는 것이 중요하다.

4. 취업준비와 빅피처(big picture)

K○○ 씨는 재취업 지원신청서를 제출하고 3개월 동안 연락이 닿지 않았다. 이메일과 문자 메시지를 통해 격려 및 지원, 참여유도를 몇 차례 했지만 그는 서비스 활용도 하지 못하고 전문가로부터 서비스도 받지 못하고 있는 실정이었다. 그렇게 3개월이 지났고 서비스를 마무리 지어야 할 것 같아 마지막으로 전화를 했다. 그동안의 경험상으로 이런 경우 대부분 재취업에 성공하여 근무를 하고 있는 경우가 대부분이었다.

그가 전화를 받았다. "혹시 취업하셨어요?"라고 물었다. 그는 아직 취업하지 못한 상태라고 했다. 그리고는 "정말 취업지원서비스를 받을 수 있어요?"라고 오히려 내게 반문했다. 이후 그와 3일 후에 다시 만남을 정하고 그때부터 컨설팅은 빠르게 진행되었다. 우선 구체적인 컨설팅 일정부터 잡았다.

그는 개인사업을 하다 실패하고 재취업을 원하는 상태에 있었으며, 기획, 디자인업무를 전문으로 한 경력이 있었다. CI, BI, POP, SIGN, 패키지, 브로슈어, 카탈로그, 신문, 책, 지하철 광고, 웹 디자인 등을 기획하고 디자인하면서 직접 제작도 하고 가공하는 분야까지 담당했다고 했다. 특히 그는 2003년 국제건축박람회의 브로슈어 시안 디자인 공모에 선정될 정도로 디자인분야에 남다른 역량을 갖추고 있었다. 그런 경험을 바탕으로 그는 개인사업을 했고, 경제적으로 손해를 본 적은 없지만 결국 마케팅과 인맥관리의 어려움 때문에 재취업을 원하고 있었다.

나는 그의 나이와 경력으로 보아 충분히 재취업을 했을 것으로 예단했던 것이다. 우선 구직활동을 하기 위해 이력서를 작성해야 했다. 직무분석과 역량분석을 하고, 성향 검사와 직업가치관 검사를 실시했다.

몇 번의 수정작업을 거쳐 완성된 이력서를 준비하고 선천적 기질과 소질 검사도 했다. 특기적성분석을 통해 시각디자인을 경력목표로 정해도 좋을 창작, 섬세, 직관이라는 소질이 발견되었다.

그가 구직활동을 하는 데 있어서 나이, 경력 등 일반적 부분에서는 큰 어려움은 없었다. 다만 자신이 뭘 잘하고 있는지에 대한 자신감이 부족했다. 우선 오픈 잡을 중심으로 정보를 얻고, 서치 펌에 등록을 유도했다. 며칠 뒤 헤드헌터로부터 연락이 왔다. 우리는 면접에 대비해 모의면접을 실시했다. 모의면접결과 걱정이 앞섰다. 그는 어느 질문 하나도 당당하고 정확하게 대답하지 못했다. 그는 내 첫 질문부터 계속 머뭇거리며 자신감이 전혀 없어 보였다. 아직 업무에 대한 명확한 개념 정립이나 목표가 분명하지 않은 듯했다. 그에 대한 답을 구하기 위해 인생목표를 점검하고 인생 설계를 작성하기로 했다. 그리고 면접질문에 대비해 질문 하나마다 그에 걸맞은 답변도 준비했다.

그 중에서도 상대방의 요구에 따라 상황대처를 유연하게 해야 하는 연봉협상이 가장 큰 문제였다. 몇 가지 시나리오를 작성해서 여러 번 시뮬레이션을 했다. 그리고 그는 구직활동을 하는 동안 매주 병행되는 경력개발자모임에도 빠짐없이 참가했다. 그런데 그는 첫 번째 관문인 헤드헌터 면접은 잘 마쳤지만, 2차 면접인 기업 인사담당자 면접에서 수차례 불합격했다. 몇 차례의 지원이 불합격 통보로 이어지자 그는 현격히 자신감을 잃었고 경력개발자모임도 빠지기 시작했다.

그는 이런 힘든 과정을 반복한 끝에 결국 재취업에 성공할 수 있었다. 그런데 취업한 지 일주일도 되지 않아 다시 구직활동을 하겠다고 연락이 왔다. 그가 경력개발자모임을 통해 직업에 대한 큰 그림을 학습했던 것이 퇴사 결정에 큰 도움이 됐을 것이다. 그는 나에게 그 회사는 오래 다닐 회사가 아니라서 빠른 결정을 했다고 말했다.

몇 차례의 구직활동을 반복한 끝에 그는 경기도의 한 미술관에 재취업할 수 있었다. 그는 이제 결혼도 할 수 있을 것 같다며 환하게 웃으며 말했다 그동안 내세울 만한 직업이 없어 결혼도 미뤘다는 것이다.

그는 경력개발자모임의 구성을 위해 자신이 디자인한 명함을 만들어 주기도 했다. 그는 자신의 궁극적인 목표가 돈을 많이 버는 것이라고 했다. 돈을 많이 벌어 좋아하는 사람들이 고통받지 않도록 도와주고 싶다고 했다. 그래서인지 취업준비기간에도 부동산 공부도 틈틈이 하고 재테크정보도 수집하곤 했다. 그가 원하는 인생을 찾아 계속해서 지금처럼 한 걸음씩 나가길 응원한다.

재취업 컨설팅 포인트

- 신중년의 재취업 성공을 위해서는 3막 인생 전반에 대한 큰 그림을 그린다.
- 면접전형에서는 자신감이 가장 중요하다. 당당하게 자신의 역

량과 장점을 논리적으로 주장할 수 있어야 한다.

- 좋은 일자리는 없다. 다만 좋아하는 일자리만 있을 뿐이다.
- 처음부터 나에게 맞는 제자리를 찾기란 쉽지 않다.
- 일을 하면서 그 일을 제자리로 만들고, 설 자리로 만들고 마침 내 살 자리로 만드는 지혜가 필요하다.

| 참고문헌 |

가재산 · 장동익(2018), 스마트 워라밸, 당신의서재

강창희(2013), 당신의 노후는 당신부모와 다르다, 쌤앤파커스

공성영(2017), 은퇴 전에 백세 인생을 설계하라, 퓨처인베스트

경제지식네트워크(2018), 청년실업과 고용변화

교육부(2017), 대학진로교육현황조사 결과

김대중(2014), 춘추전직시대, 미래를 소유한 사람들

김진형(2018), 10년차 직장인 은퇴 공부법, 위닝북스

데이비드 보차드/배충효 옮김(2012), 은퇴의 기술, 황소걸음

노년연구회(2012), 은퇴수업, 학지사

대한상공회의소(2011), 기업의 경력직 채용 활용 현황조사

데이비드 월러/박세연 옮김(2018), 평판게임, 웅진지식하우스

데이비드 알렌/고희정 옮김(2005), 준비된 자가 성공한다, 청림출판

데일 카네기/김시오 옮김(2012), 인간관계의 기본원리, 브라운힐

박완순 · 이정근(2013), 인성공부, 빗나래

새라 케슬러/김고명 옮김(2019), 직장이 없는 시대가 온다, 더퀘스트

송양민 · 우재룡(2014), 100세 시대 은퇴 대사전, 21세기북스

심정섭(2018) 1% 유대인의 생각훈련, 매일경제신문사

NH 투자증권 100세시대연구소(2018), 100세쇼크, 굿인포메이션

요시카와 료조 외/KMAC 옮김(2016), 제4차 산업혁명, KMAC

원혜정(2013), 최고의 인간관계를 만드는 26가지 기술, 매월당

유광남(2018), 아름다운 마케팅을 찾아서, 티브이펀

유영만(2008), 상상하여 창조하라, 위즈덤하우스

유영만(2017), 나무는 나무라지 않는다. 나무생각
이시즈미 간지/권혜미 옮김(2015), 유대인의 why 사고법, 머니플러스
이지성(2015), 생각하는 인문학, 차이
이지성(2016), 리딩으로 리드하라, 차이정원
이진오(2018), 밥벌이의 미래, 틈새책방
전기보(2013), 은퇴 후 40년 어떻게 살 것인가, 미래지식
조영태(2016), 정해진 미래, 북스톤
조동천(2015), 내 인생을 변화시킨 세 가지 질문, 두란노서원
최일수 · 김성윤(2018), NCS 기반의 취업전략, 도서출판 청람
탁석산(2009), 성적은 짧고 직업은 길다, 창비
탁석산(2009), 준비가 알차면 직업이 즐겁다, 창비
하우석(2008), 능력보다 큰 힘 평판, 한스미디어
헤츠키 아리엘리/김진자 옮김(2014), 헤츠키 아리엘리의 탈무드 하브루타 러닝, 국제인재개발센터
헤츠키 아리엘리/김진자 옮김(2015), 유대인의 성공코드, 국제인재개발센터
현용수(2008), 현용수의 인성교육 노하우 1~5, 동아일보사
홍성열(2012), 노향: 퇴직 후 30년 어떻게 보낼 것인가, 글로벌문화원
홍익희(2014), 유대인의 창의성의 비밀, 행성: B잎새
황인철(2017), 은퇴의 기술, 가림출판사

| 저자 소개 |

최일수(e-mail: chis53@naver.com)

단국대학교에서 "대졸 청년층 취업성과 결정요인에 관한 실증연구"로 경영학 박사학위를 받았다. 독일의 Rheinland pfaltz대학교에서 교육경제학, University of Biellefeld대학교에서 직업교육행정학을 공부했다. 1971년 4월 첫 직장생활을 시작하여 2013년 6월 30일에 정년퇴직했으니 42년 2개월간 직장생활을 한 셈이다. 올해로 만 66세가 되었다. 정년퇴직한 지도 벌써 6년이 지났으니 신중년의 한 가운데에서 3막 인생을 살고 있는 셈이다. 특히 1989년 9월부터 2012년 12월까지 한국기술교육대학교에서 24년간의 재직기간 중 취업센터장으로 재직하며 '졸업생 13년 연속 취업률 100% 목표 달성' 사례는 많은 대학에서 벤치마킹 대상이 되기도 했다. 2015년부터 3막 인생을 준비하는 재직자 역량개발 지원을 위하여 '전직지원 교육과정'을 개발하여 고용보험 환급과정으로 대구, 천안, 수원, 인천, 울산 등에서 운영하고 있다. 그동안의 강의를 통하여 느낀 경험과 인생 2막까지의 삶을 성찰하며 정리된 경험적 내용을 담기 위해 노력했다.

〈저서〉

대학생활과 취업준비(2008), 진로취업교수법(2013), NCS 기반의 취업전략(2018), NCS 기반의 취업 및 창업전략(2019) 등이 있다.

〈연구논문〉

"대학졸업자의 취업성과 결정 요인에 관한 실증 연구"(2016), "청년장병의 진로 및 일자리 실태연구"(2018) 등이 있다.

〈사회활동〉

진취적인교육협동조합 이사장(현), (사)한국멘토교육협회 부회장(현), (사)한국고용진흥협회 부회장(현), 하브루타 교육협회 부회장(전) 등으로 활동하고 있다.

신중년의 삶

2019년 7월 20일 1판 1쇄 인쇄
2019년 7월 25일 1판 1쇄 발행

저 자 | 최일수
발행인 | 이수영
발행처 | 도서출판 청람
서울시 마포구 독막로 288(대흥동, 세양상가 109호)
전 화 | 02)3272-2601(대)~2
팩 스 | 02)3272~2603
이메일 | crbooks@daum.net
홈페이지 | http://www.crbooks.co.kr
등 록 | 2000년 8월 26일 제6-0509호

ISBN 978-89-5972-709-4 93320 [정가 13,000원]